CURIOSITÉS

NATURELLES, HISTORIQUES ET MORALES

DE

L'EMPIRE DE LA CHINE.

L'Empereur saisit le manche de la charrue.

CURIOSITÉS

NATURELLES, HISTORIQUES ET MORALES

DE

L'EMPIRE DE LA CHINE,

OU

CHOIX DES TRAITS LES PLUS INTÉRESSANS DE
L'HISTOIRE DE CE PAYS, ET DES RELATIONS
DES VOYAGEURS QUI L'ONT VISITÉ.

A L'USAGE DE LA JEUNESSE.

Ornées de 12 figures en taille-douce.

Par ANT. CAILLOT.

TOME PREMIER.

A PARIS,

Chez LEDENTU, Libraire, quai des Augustins,
n°. 31, et passage Feydeau, n°. 28.

1818.

OBSERVATIONS
PRÉLIMINAIRES.

DEPUIS long-temps, l'empire de la Chine est l'objet d'une vive curiosité pour les Européens. Tout ce que les voyageurs ont écrit de l'ancienneté de cette monarchie, de la sagesse de ses lois et de son gouvernement, du caractère, de l'industrie et du nombre prodigieux de ses habitans, ainsi que de la fertilité de ses provinces, est si surprenant, que nous avons peine à ajouter foi à leurs paroles, malgré le caractère de véracité avec lequel ils se sont annoncés.

Nous avons sur la Chine un grand nombre de relations, dont plusieurs ont été rédigées sans choix et sans discernement. Il faut convenir que les notions les plus certaines qui nous en aient été données, nous sont venues par le canal des missionnaires, hommes presque tous fort instruits et fort judicieux, qui ont passé la plus grande partie de leur apostolat dans la capitale et dans les provinces de cet empire. Assurément, personne n'était plus en état de nous en rendre un compte satisfaisant.

Il faut pourtant le dire; les notions que nous tenons de ces missionnaires, sont bornées, et même quelquefois défectueuses. Ceux d'entre eux qui s'en rapportaient aux livres chinois, dont les auteurs se plaisent à exagérer les merveilles de leur pays, sont tombés quelquefois dans l'inexactitude. C'est principalement dans ce qui concerne la géographie que ces livres ont été pour quelques-uns d'entre eux l'occasion de quelques méprises. Lorsqu'ils les consultaient, on n'avait pas encore parcouru toutes les provinces par l'ordre de l'empereur *Kang-Hi* pour en dresser une carte exacte. Ce n'est que par ce dernier travail qu'on a acquis sur la topographie de l'empire chinois des notions plus détaillées et plus certaines.

Ce que nous devons aux missionnaires de plus curieux sur la Chine, après les cartes générales et particulières dont ils sont les auteurs, ce sont les observations, pleines d'intérêt, qu'ont faites plusieurs d'entre eux, lorsqu'ils en ont traversé les provinces. Ces observations sont écrites d'un style si vif et si pittoresque, qu'en les lisant, on s'imagine voyager avec ces hommes respectables. Il n'en est pas de même de ces ambassadeurs qui, voyageant sans s'arrêter et ne faisant à Péking qu'un séjour de quelques mois, toujours surveillés, ne pouvaient acquérir sur la Chine et ses usages que des notions fort incomplètes. Aussi la plupart de ceux qui ont rédigé l'histoire de ces différentes ambassades, ont-ils cru devoir emprunter souvent les observations des missionnaires.

L'éloignement où nous sommes de l'empire chinois, et la difficulté d'y pénétrer, nous font presque regarder tout ce que l'on en a dit, comme ces récits fabuleux composés par les écrivains arabes, comme ces belles fictions qui ne peuvent inspirer qu'un intérêt passager. Rien, cependant, n'est plus vrai que la haute antiquité de cette monarchie, qui se perd dans la nuit des temps; rien n'est plus vrai que le gouvernement chinois est tout fondé sur la morale et les devoirs des enfans envers leurs parens, et que c'est sur cette base indestructible qu'il subsiste depuis plusieurs milliers de siècles, avec un éclat que rien

n'affaiblit; rien n'est plus vrai enfin que les
peuples de la Chine ont le goût des sciences,
de la poésie, du théâtre et de l'histoire, et
que leur civilisation était telle qu'elle est aujourd'hui, quand toute l'Europe était plongée
dans la barbarie.

Les annales de la Chine ne sont point dé-
pourvues de cet intérêt qui captive les lecteurs.
Il est vrai que dans une longue suite de siècles, elles n'offrent que très-rarement, même
dans les changemens de dynastie, le tableau
de ces grandes catastrophes politiques, qu'on
nomme *révolutions*; ni ces guerres sanglantes
et longues, pendant lesquelles deux ou plusieurs peuples, acharnés l'un contre l'autre,
font consister leur gloire à s'exterminer; ni
ces grandes et mémorables découvertes qui
reculent les bornes des connaissances hu-
maines, et menacent de dérober à la nature
le dernier et le plus important de ses secrets.
Mais quel important tableau que celui d'une
immense population qui ne forme qu'une
seule famille sous un souverain, dont les
sentimens pour ses sujets ne sont ceux que
de la paternité! Que de traits de vertus em-
bellissent l'histoire de cette nation! quel phé-
nomène que cet attachement inviolable à sa

religion, à ses mœurs, à ses usages, à ses souverains! Que cette invincible répugnance pour tout ce qui lui vient de l'étranger! que cette vieille indifférence pour tout ce qui se passe hors de ses limites! que cet orgueil qui la porte à se regarder comme la plus grande qui existe sur la terre! est-ce que la durée des empires dépendrait de leur isolement, comme celle de ces familles qui ne subsistent qu'en évitant de se mésallier?

Ce n'est point une histoire complète de la Chine que nous offrons à nos lecteurs. Comme c'est pour l'instruction de la jeunesse que nous avons pris la plume, nous nous sommes bornés à recueillir dans les meilleurs ouvrages, composés sur cet empire, les traits que nous avons jugé les plus propres à l'intéresser.

Nous avons puisé aux sources les moins suspectes les notions et les faits que nous avons rapportés; ainsi l'on doit penser que les ouvrages des missionnaires ne nous ont pas été d'un moindre secours que les relations des voyageurs modernes.

Nous avons commencé par un coup-d'œil général sur l'empire de la Chine, pour préparer nos lecteurs aux détails dans lesquels nous sommes entrés sur les nombreux sujets qui y sont indiqués. Si nous sommes tombés dans quelques inexactitudes, c'est que nous n'avons pu faire autrement, même avec les guides estimés que nous avons suivis. Ainsi, puisqu'on les leur pardonne, nous espérons qu'on ne nous en fera pas un crime. En peut-il être autrement, quand on parle d'un pays si éloigné, et que les voyageurs modernes n'ont pu visiter qu'en partie, et dans un temps limité? Si nous pouvons nous tromper en parlant de l'Angleterre, comment ne tomberions-nous pas dans quelque erreur, en parlant de la Chine, dont nous avons tant de relations qui diffèrent entre elles sur plusieurs objets importans?

Nous espérons que cet ouvrage, à la composition duquel nous avons mis le plus grand soin pour y mêler l'utile à l'agréable, ne sera pas moins accueilli des personnes déjà avancées en âge, que de la jeunesse à laquelle il est plus spécialement destiné.

CURIOSITÉS

NATURELLES, HISTORIQUES ET MORALES

DE

L'EMPIRE DE LA CHINE.

CHAPITRE PREMIER.

La Chine. Sa situation; ses fleuves ; ses lacs ; sa population. Nombre de ses provinces, de ses villes et de ses forteresses. Ses armées. Ses monumens et édifices publics , etc.

L A Chine , en y comprenant la Tartarie chinoise dont elle n'est séparée que par une grande muraille de plus de quatre cents lieues, mais qui aujourd'hui est mal entretenue, s'étend entre les cent dixième et cent soixantième degrés de longitude ,

et entre les vingtième et quarante-unième
degrés de latitude septentrionale ; ce qui
fait à peu près cinq cent cinquante lieues
de l'est à l'ouest et cinq cent du midi au
nord. Elle est bornée à l'est par la mer
Orientale ; au nord par une partie de la
Tartarie russe ; à l'ouest par de hautes
montagnes et des déserts ; au sud par
l'Océan et les royaumes de Tonquin , de
Laos et de la Cochinchine.

Des rivières navigables de la Chine qui
sont en fort grand nombre , les deux principales sont : 1° le *Kiang*, mot qui veut dire
le fleuve par excellence. Il coule de l'occident à l'orient, et traverse quatre grandes provinces. Son cours est très-rapide
jusqu'à la ville de *Kiéou-Kiang*, où, re-
tenu par le flux de la mer , il commence à
couler avec plus de lenteur. Il passe ensuite
par Nanking et va se jeter dans la mer
Orientale. Ce fleuve est large , profond et
extrêmement poissonneux. Les Chinois disent que la mer est sans rivages et le *Kiang*
sans fond. 2° Le *Hoang-Ho* ou fleuve
jaune. On lui a donné ce nom à cause de la
couleur de ses eaux mêlées d'une terre

jaunâtre, qu'il détache de son lit par la
rapidité de son cours. Il prend sa source
dans les montagnes de la Tartarie vers le
35ᵉ degré de latitude, à deux degrés plus
au nord que le *Kiang*. Après avoir coulé
pendant quelque temps le long de la grande
muraille, il se jette dans les terres des Tartares Ortos, et rentre dans la Chine entre
les provinces de *Chan-Si* et de *Chen-Si*.
Après avoir traversé deux autres provinces,
il tombe, après un cours d'environ six cents
lieues, dans la mer orientale, à peu de distance de l'embouchure du fleuve *Kiang*.
Ce fleuve cause quelquefois de grands ra-
vages dans les campagnes par lesquelles il
passe, et submerge des villages entiers et
même des villes.

Plusieurs écrivains évaluent à deux cents
millions d'hommes la population de cet
empire, d'autres à cent millions, et en
dernier lieu, l'Anglais Barow la porte à
333 millions. Ce dernier calcul paraît s'é-
loigner beaucoup plus de la vérité que
le premier. Si l'on fait attention que le
nord est beaucoup moins peuplé que le
midi ; si l'on considère ces plaines immen-

ses qui ne sont presque point cultivées du côté de la Tartarie ; ces vastes déserts , ces montagnes inaccessibles qui n'ont aucun habitant , et ces forêts de la plus grande étendue , on jugera que la population de la Chine ne doit pas excéder deux cents millions d'habitans.

La Chine , sans y comprendre la Tartarie , est divisée en quinze grandes provinces; savoir : le *Petchéli*, le *Chang-Tong*, le *Chan-Si* , le *Kiang-Nan* , le *Quang-Si* , le *Chen-Si* , le *Quang-Tong*, le *Ho-Nang* , le *Sé-Chuen* , le *Hou-Quang* , le *Kiang-Si* , le *Tche-Kiang* , le *Fo-Kien*, le *Koei-Hou* , le *You-Nan*. Six de ces provinces sont au nord et les neuf autres au midi. Au nord-est se trouve le royaume de Corée, grande péninsule de la mer Jaune, qui est tributaire de la Chine comme les royaumes de Tonquin et de Laos le sont au sud.

Il y a encore plusieurs îles qui dépendent de la Chine , et dont la principale est celle de Tajuan , que les Portugais nomment Formosa.

On compte dans ce vaste empire quatre mille quatre cent deux villes murées. Dans

ee nombre il s'en trouve cent soixante-
quinze du premier ordre, et deux cent
soixante-quatorze du second. L'ordre militaire a six cent vingt-neuf forteresses du
premier ordre, tant sur les frontières que
dans l'intérieur de l'empire ; cinq cent
soixante du second ; trois cent onze du troisième ; trois cents du quatrième ; cent cinquante du cinquième; cent du sixième; et
enfin trois cents du septième : somme totale,
deux mille cinq cent trente-sept places fortes ; ce qui, joint aux villes de l'ordre civil,
fait le nombre de quatre mille quatre cent
deux villes murées, sans y comprendre
un nombre infini de villes ouvertes et sans
défense. Outre cela, on compte en deçà et
au delà de la grande muraille qui sépare
la Chine de la Tartarie, trois mille tours,
gardées par des soldats.

Les troupes qui, en temps de paix, gar-
dent et accompagnent les mandarins, les
ambassadeurs, et font la garde la nuit, mon-
tent à 767,970 hommes. Lorsque ces soldats
d'escorte ont fait une journée de chemin, ils
s'en retournent, et d'autres prennent leur
place. Le nombre des chevaux que l'empe-

reur entretient seulement pour ses troupes
dans certains postes, est de 565,000. Les
soldats et les chevaux doivent toujours être
prêts. En temps de guerre les troupes sont
innombrables.

On compte à la Chine six cent quatre-
vingt-huit mausolées, remarquables pour
leur structure et leurs richesses. Quatre
cent quatre-vingts temples d'idoles, d'une
grande magnificence, sont desservis par
35,000 bonzes qui les habitent. Il y a
beaucoup d'autres temples moins célèbres;
et sept cent neuf autres monumens de cette
espèce, que les Chinois ont bâtis, en différens temps, pour honorer la mémoire de
leurs ancêtres, sont tous distingués par
leur architecture et leur beauté.

Les fleuves, les sources minérales, et les
lacs renommés, sont au nombre de mille
quatre cent soixante et douze, et l'on ne
compte pas moins de trois cents montagnes
fameuses dans l'empire. Nous ne devons
pas oublier deux cent soixante-douze grandes bibliothèques, trente-deux palais
royaux, et treize mille six cent quarante-
sept palais de magistrats.

Le nombre des canaux ou rivières formées par l'industrie chinoise, est considérable. On admire surtout le Canal Impérial,
par lequel on peut se rendre de *Canton* à
Péking, c'est-à-dire, traverser un espace de
trois cents lieues. Il a quatre cent soixante
dix ans d'antiquité. C'est l'empereur *Chi-
Tsou*, chef des Tartares occidentaux et fondateur de la vingtième dynastie, qui a fait
exécuter ce grand ouvrage. On y transporte
toutes les marchandises du midi au nord. On
lui donne ordinairement une brasse et demie d'eau pour faciliter la navigation ;
mais le grand nombre de rivières qui servent à l'alimenter, le tiennent constamment assez plein. Nul ouvrage n'est plus
beau et plus hardi ; les bords en sont revêtus de pierres de chaque côté, avec des chemins pavés et plantés d'arbres ; il est traversé de plusieurs beaux ponts, et l'on y a
ménagé un grand nombre d'écluses, pour
distribuer dans la campagne l'eau dont elle
a besoin pour la culture du riz.

On compte jusqu'à cent trente-un ponts
remarquables. Celui de la ville de *Chan-
cheu* est élevé sur cent trente bateaux, atta-

chés l'un à l'autre par une chaîne qu'on peut ôter pour donner passage aux gros bateaux qui descendent ou remontent la rivière. Dans le *Tche-Kiang*, il existe un pont admirable , entre deux montagnes et au-dessus d'une vallée aussi large que profonde. Dans Fotchéou, première ville de la province de Fo-Kien, on en voit un autre de pierres qui a cent cinquante toises de long, cent arches, et un grand nombre d'ornemens sculptés à la chinoise. Dans la même province , sur la rivière de Loyang , on en admire un autre qui n'a pas moins de trois cent soixante toises de longueur.

Comme les Chinois sont curieux en fait de bâtimens, on voit, dans la plupart des villes, de belles tours, bâties de pierres , ornées de toutes sortes de figures en reliefs. L'ouvrage de ce genre, où il paraît plus d'art et de somptuosité, est la fameuse tour de porcelaine de Nanking. La forme en est octogone, et présente neuf galeries l'une sur l'autre, ornées de fenêtres, de balustrades, de festons en reliefs. On y monte par cent quatre-vingts degrés. Le nombre de ces tours est de mille cent cinquante-neuf, en y comprenant les arcs de triomphe, érigés en l'honneur de quelques illustres personnages.

Mais l'ouvrage le plus étonnant, le plus fameux, le plus capable de nous donner une haute idée de la patience et du génie de la nation chinoise, c'est cette muraille construite entre la Chine et la Tartarie pour contenir les barbares, voisins de l'empire. Elle passe, dans plusieurs endroits, sur des montagnes d'une hauteur extraordinaire, et tourne selon la situation des lieux. De distance en distance, elle est flanquée de grosses tours et de forts ; sa solidité égale sa largeur et sa hauteur. Elle tombe cependant en ruines en quelques endroits, bien plus de vétusté, que par les attaques des Tartares. Cet énorme boulevard, défendu par d'innombrables armées, n'aurait jamais été franchi, si, vers le milieu du dix-septième siècle, les Chinois qui le gardaient, ne s'étaient laissé gagner par les Tartares, et ne leur eussent vendu leur patrie. Les conquérans n'excédaient guère le nombre de trois cent mille, et l'armée chinoise était composée d'un mil-

lion de soldats. La base de cette muraille,
jusqu'à la hauteur d'un pied, est de grosses
pierres de taille; mais ses parties supérieures sont formées de briques et de ciment : sa hauteur est de six toises pleines
et sa largeur de quatre. Six cavaliers pourraient aisément s'y promener de front.
Presque partout elle est en aussi bon état,
que si elle n'eût été bâtie que depuis
quarante ou cinquante ans , et cependant elle a plus de deux mille ans d'antiquité. Sa longueur est de plus de quatre
cents lieues. Il ne fallut que cinq ans pour
la bâtir, et plusieurs fois cinq cent mille
ouvriers y furent employés. L'Anglais Barow dit que les matériaux qu'elle contient
seraient plus que suffisans pour bâtir un
mur qui ferait deux fois le tour du globe,
et qui aurait six pieds de hauteur et deux
d'épaisseur.

Presque toutes les villes de la Chine ont
entre elles une si grande ressemblance, que
lorsqu'on en a vu une seule, on peut se
former une idée assez juste de toutes les
autres. Leur forme est presque toujours
carrée , du moins autant que le per-

met la nature des lieux où elles sont
situées. Elles sont environnées de hautes
murailles, flanquées de tours de distance
en distance. Au dedans, on voit des tours
à huit ou neuf étages, des arcs de triomphe
au milieu des rues, des temples assez
beaux, et des édifices publics plus vastes
que magnifiques ; un grand nombre de
places, de longues rues, bordées de magasins, ou qui n'ont que le rez-de-chaussée,
ou qui ne s'élèvent que d'un étage ; des
boutiques ornées de porcelaines, d'étoffes
de soie, et d'ouvrages vernissés. Devant
chaque porte, on lit sur une planche peinte
ou dorée, le nom des marchandises avec
celui du marchand, et ces deux mots,
pu-hu, qui signifient, *il ne trompe pas.*

CHAPITRE II.

Physionomie, caractère, costume, arts,
usages des Chinois, etc.

La beauté parfaite chez les Chinois consiste dans un grand front, un nez court et
un peu retroussé, de petits yeux bien fen-
dus, un visage large et carré, de grandes
oreilles, une bouche médiocre et des
cheveux noirs. Ils pensent qu'un homme
est bien fait, quand il est gros et gras, et
qu'il remplit bien sa chaise. Les paysans
et ceux qui vivent à la campagne ont le
teint brun et olivâtre; mais la plupart des
habitans des villes l'ont fort beau jusqu'à
trente ans. Les lettrés et les docteurs, ceux
surtout de basse extraction, ne se coupent
jamais les ongles, pour faire connaître
qu'ils ne sont pas obligés de travailler pour
vivre. Les femmes sont ordinairement de
la taille moyenne; elles ont le nez court,
de petits yeux, les cheveux noirs, les

oreilles longues, la peau assez rude, et des pieds si petits qu'à peine peuvent-elles faire un pas.

Ce peuple est grave, poli et d'une modestie surprenante. Les lettrés ne se montrent jamais qu'avec un air composé, et nul geste n'accompagne leurs discours. Les femmes vivent constamment dans la retraite, et sont si attentives à se couvrir, qu'elles ne laissent voir ni le bout de leurs pieds, ni celui de leurs mains. Naturellement vindicatif, le Chinois possède à un si haut degré l'art de dissimuler son ressentiment et sa haine, qu'on le croirait insensible aux outrages; mais quand il trouve l'occasion de perdre son ennemi, il la saisit avec empressement. En général, il n'est pas fort scrupuleux sur l'article de la probité. Il ne fait grâce au bien d'autrui que lorsqu'il ne peut se l'approprier impunément; aussi les voleurs sont-ils fort nombreux dans toutes les provinces.

Les Chinois n'ont pas moins de persévérance que d'adresse dans les négociations et en faisant un marché. Ils négocient sur les articles les moins importans avec non

moins d'exactitude et de précaution que
s'il s'agissait de conclure un traité de paix,
et avec bien plus d'adresse qu'on en a souvent employé dans ces sortes de transac-
tions. Ils promettent toujours sans hésiter;
mais il est rare qu'ils tiennent leur parole,
parce qu'ils trouvent presque toujours un
prétexte pour s'en dispenser. Ils ne sentent
point les devoirs qu'impose la vérité ; et
ils se font si peu de scrupule de mentir, que,
dans le même moment, ils affirment une
chose et la nient sans rougir, selon que leur
intérêt s'y trouve. La haute idée qu'ils ont
de leur supériorité nationale et de leur importance personnelle, est cause qu'ils affectent de ne pas voir dans les autres de
avantages qu'ils ne sauraient s'empêche
de remarquer. Quoiqu'ils soient réduits
employer des étrangers pour composer leu
calendrier et entretenir leurs ouvrage
d'horlogerie, et que chaque année ils re
çoivent d'Europe divers chefs-d'œuvre de
arts, ils affectent obstinément de regarde
toutes les nations de la terre comme bar
bares en comparaison de la leur.

L'amour-propre chinois est poussé à u

tel point, que rien de ce qui entre dans l'empire, n'y conserve son propre nom : il n'est point de nation, de personne, d'objet qui ne reçoive une dénomination chinoise.

Cependant, malgré ses défauts, cette nation a de grandes qualités ; il n'en est pas dans le monde entier qui soit plus adonnée au travail. Un Chinois, quel qu'il soit, ne manque jamais de témoigner la plus profonde vénération aux auteurs de ses jours, et à ceux qui ont pris soin de son éducation ; il respecte et honore les vieillards, les magistrats, les lettrés ; et le plus vicieux admire la vertu dans ceux qui la cultivent.

Le vernis de la Chine, la porcelaine et les belles étoffes qu'on transporte de cet empire en Europe, prouvent assez l'industrie des Chinois. Leur habileté ne se montre pas moins dans leurs ouvrages d'ébène, d'écaille, d'ivoire, d'ambre et de corail. Leurs sculptures et leurs édifices publics, tels que les portes des grandes villes, les arcs de triomphe, leurs ponts et leurs tours, ont beaucoup de noblesse et de grandeur. S'ils sont encore loin de la perfection qui distingue les ouvrages des Européens, il en faut accuser leur dédain pour tout ce qui vient de l'étranger, et la persuasion où ils sont que rien ne peut surpasser les découvertes de leurs ancêtres.

Il est vrai qu'ils ont moins que nous l'esprit d'invention pour les arts mécaniques; mais quelques-uns de leurs instrumens sont plus simples que les nôtres, et ils imitent facilement. C'est ainsi qu'ils fabriquent à présent des montres, des horloges, des miroirs, des fusils. Leur construction marine est encore au berceau, et ne peut en aucune manière soutenir la comparaison.

Le vêtement chinois est une robe de soie ou de coton, selon les climats plus ou moins chauds; et selon la fortune des particuliers. Cette robe tombe jusqu'à terre, et l'un des pans se replie sur l'autre; les manches en sont larges vers l'épaule et se rétrécissent jusqu'au poignet; la ceinture est une large écharpe d'argent, de soie ou de coton, dont les deux extrémités descendent jusqu'aux genoux : on y attache un étui qui renferme un couteau, et deux petits bâtons dont on se sert comme de fourchettes. En hiver, ces robes sont garnies de très-belles fourrures. Mais toutes les couleurs ne se portent pas indifféremment; le jaune est exclusivement celle de l'empereur et des princes de son sang; le satin à fond rouge est réservé à une certaine classe de mandarins dans les jours de cérémonies; les autres portent ordinairement le noir, le bleu, ou le violet. La couleur du peuple est toujours ou le bleu ou le noir.

Depuis que les usages tartares se sont introduits dans l'empire, les Chinois se rasent la tête, et ne laissent croître sur le sommet qu'une certaine quantité de cheveux pour former des tresses. En été, ils portent un petit chapeau en forme d'entonnoir, dont le dehors est travaillé avec beaucoup d'élégance, et la doublure est de satin. Du haut de ce chapeau sort une grosse tresse de crins qui se répandent jusqu'aux bords. Les mandarins et les lettrés ont une espèce de bonnet que le peuple n'a pas la liberté de porter.

Rien n'approche du cérémonial qui s'observe dans les festins chinois. Manquer à
la moindre cérémonie, ce serait outrager
la politesse, la décence, et insulter à tous
les convives. Les simples lettres, que les
particuliers s'écrivent les uns aux autres,
sont sujettes à tant de formalités, que
souvent elles embarrassent les lettrés
mêmes. Il n'y a aucune salle de spectacle
dans toute la Chine; mais on y voit des
troupes de comédiens ambulans que l'on
mande dans les festins, pour représenter
des pièces devant les convives.

Comme les femmes riches ne se montrent
jamais aux regards des hommes, les mariages
ne se font que par le ministère de vieilles
femmes qui font le rapport le plus avantageux de la beauté, de l'esprit et des
talens des filles que leurs parens veulent
marier. Si le rapport convient aux parens
du garçon, ils acceptent la proposition, et
le jour marqué pour les noces, la jeune
fille se place dans une chaise fermée, accompagnée de ceux qui portent sa dot. Un
domestique de confiance garde la clef de la
chaise, et ne doit la remettre qu'au mari,

qui attend sa jeune épouse à la porte de sa maison. Il arrive quelquefois qu'un mari, mécontent de son partage, referme promptement la chaise, et renvoie la fille avec tout son cortége. Il est aussi permis aux Chinois de prendre d'autres femmes qui tiennent leur rang dans la maison après l'épouse légitime, et dont les enfans sont sous la dépendance de celle-ci.

Les cérémonies des funérailles sont plus singulières encore que celles dont nous venons de parler ; c'est alors que les Chinois déploient tout le luxe possible. On a vu des enfans sacrifier tout leur bien pour honorer les cendres de leur père. Il est peu de Chinois qui ne fasse faire d'avance son cercueil du bois le plus précieux et le plus rare ; d'autres se font construire un beau mausolée, lorsqu'il n'y a plus de place dans celui de leurs ancêtres. L'enterrement d'un homme riche est le plus pompeux des spectacles. La couleur du deuil est le blanc pour tout le monde.

L'argent et le cuivre sont les seules monnaies courantes à la Chine. L'or y est sur le même pied que les pierres précieuses en

Europe, et s'y achète comme les autres marchandises. L'argent monnayé n'est pas frappé au coin, mais il est fondu en lingots, dont le poids établit la valeur; ce qui fait que le commerce éprouve un grand embarras quand on fait les payemens.

CHAPITRE III.

Science, morale, langue et religion des Chinois. Du mandarinat.

LES sciences que les Chinois cultivent avec assez de soin, sont, l'arithmétique, l'astronomie, la géométrie, la géographie et la physique. Il paraît qu'ils ont calculé les éclipses depuis plusieurs siècles; mais ils n'ont pas fait dans cette science autant de progrès qu'ils en auraient pu faire, et s'y sont arrêtés dès les premiers pas. Quant à la géographie, s'ils ont des connaissances sur leur empire, ils les doivent principalement aux missionnaires : sur tous

les autres pays, ils sont de l'ignorance la
plus grossière. Les élémens des mathématiques leur étaient inconnus avant l'arrivée
des missionnaires, et à peine savent-ils aujourd'hui autant de physique que l'on en
savait en Europe, il y a trois siècles.

Quoique la médecine ait toujours été en
honneur chez cette nation, elle y est néanmoins encore chargée de tous les préjugés
de nos siècles de barbarie. Elle lui croit des
rapports avec les astres et les élémens, et
la superstition entre pour beaucoup dans
la pratique de cette science. Il faut l'avouer,
les médecins chinois possèdent mieux que
les nôtres le secret de connaître une maladie à l'inspection du pouls ; ils n'ont pas
besoin d'interroger le malade pour lui dire
ce qu'il doit espérer ou ce qu'il doit craindre.
Les livres de médecine qu'ils étudient ne
sont pourtant que de simples herbiers, contenant les noms et les qualités de certaines
plantes. Les chirurgiens chinois réussissent
quelquefois à rétablir quelque membre dis-
loqué, et à remettre quelque fracture ;
mais dans les cas difficiles et compliqués,
ils abandonnent ordinairement les malades

1.   2*

au hasard : jamais ils ne font d'ampu-
tations, ni de saignées.

Les Chinois se disent les inventeurs de
la musique, et prétendent l'avoir portée
autrefois au plus haut degré de perfection.
Cependant rien n'est plus pitoyable que
cette musique ; ils n'ont pas même l'idée
de l'harmonie, et vingt personnes chantent
le même air, en prenant toutes le même
ton. La musique instrumentale n'a pas fait
chez eux plus de progrès que la vocale ;
leur meilleur instrument ne vaut peut-être
pas le plus médiocre de l'Europe.

La poésie est peu de chose chez ce peuple
grave et pensif. Il semble que l'éducation
qu'on lui donne ait pour but d'éteindre ce
feu divin qui fait les poëtes. Presque toutes
les pièces de vers ne renferment que des
antithèses, des allégories, et quelques réflexions morales. Cependant, les poëtes emploient quelquefois les figures qui donnent
de la chaleur et de la force au style et
aux pensées.

Quant à l'histoire, il est peu de nations
qui aient mis plus de soin à écrire et à conserver les annales de leur empire. C'est un

dépôt sacré qui contient les faits du règne
de ses souverains. On y voit régner une
noble hardiesse. Les historiographes ne sont
ni de vils adulateurs, ni des écrivains pu-
sillanimes, qui pèsent ce qu'il y a de dangereux à dire la vérité. On choisit un certain nombre de docteurs désintéressés, dont
le devoir est d'observer tous les discours
et toutes les actions de l'empereur. Chacun d'eux écrit en particulier ce qu'il a
vu ou entendu, sans communiquer avec les
autres. Ils mettent ensuite leurs observations dans un tronc destiné à cet usage.
Ce tronc n'est ouvert qu'à la mort du souverain, et c'est d'après de pareils mémoires
que d'autres lettrés écrivent l'histoire de
son règne.

La morale des Chinois consiste en cinq
points principaux : les devoirs des pères
et des enfans; du prince et des sujets ; du
mari et de la femme; de l'aîné des enfans
et de ses frères, et ceux de l'amitié et de la
société. C'est peut-être dans cette partie
qu'ils excellent le plus. Leurs livres clas-
siques contiennent la morale, les lois et
l'histoire de l'empire depuis sa fondation.

Mais la partie la plus pénible des études,
c'est la connaissance du langage et l'art de
l'écriture; c'est en cela que consiste toute
l'érudition des Chinois. Comme la carrière
des fonctions publiques est ouverte à tout
le monde, le dernier homme du peuple
apprend à lire et à écrire.

La langue chinoise ne ressemble à aucune des langues anciennes et modernes.
Elle a autant de caractères et de figures
que d'expressions et d'idées, et l'on en
porte le nombre jusqu'à quatre-vingt mille.
Cependant les mots élémentaires ne surpassent pas celui de trois cent trente; ce
sont autant de monosyllabes indéclinables
qui finissent presque tous par une voyelle
ou par les consonnes *n*, *ng*. La différence
des tons, des accens, des aspirations et des
autres changemens de la voix varie à l'infini le nombre des syllabes dans la conver-
sation; de manière qu'un seul mot signifie
une multitude de choses différentes, ce qui
donne souvent de l'obscurité au discours;
mais cette obscurité disparaît dans l'écriture par le nombre et la position des différens signes ajoutés au caractère radical. Le

style des écrivains chinois est concis, allé-
gorique, et devient obscur par la variété
des sens qu'on peut donner à une phrase,
lorsqu'on n'est pas assez versé dans l'usage
de leurs caractères. Il exprime quantité
de choses en peu de mots. Les expressions
sont vives, animées, et entremêlées de
comparaisons hardies et de métaphores.

La Chine renferme quatre religions différentes : 1°. la religion naturelle, qui est
celle des lettrés et du gouvernement ;
2°. celle du philosophe Lao-Kium, qui
n'était dans le principe qu'une corruption
de la loi naturelle, rétablie par Confucius;
3°. celle de l'imposteur Foé, qui consiste
dans une idolâtrie grossière, apportée de
l'Inde à la Chine; 4°. celle de Yu-Kyau,
qui paraît être un raffinement de la première, et qui est le partage d'une secte de
lettrés.

On peut joindre à ces quatre espèces
de cultes le judaïsme, le mahométisme
et le christianisme, qui ont fait quelques
progrès dans l'empire.

Le principal objet du culte des lettrés chinois est l'Etre suprême, qu'ils adorent sous

les deux noms de *Chang-Ei*, qui signifie *Souverain Empereur*, et de *Tien*, c'est-à-dire l'esprit qui préside au ciel. Ils honorent aussi, mais d'un culte subalterne, les esprits inférieurs qui dépendent du premier être, et qui président, suivant la même doctrine, aux villes, aux rivières, aux montagnes, etc.

Les mandarins (1) sont les principaux fonctionnaires de l'empire Chinois. Ils composent neuf ordres ou classes ; les colaos ou ministres d'état forment le premier ordre avec les premiers présidens des tribunaux suprêmes et les principaux officiers de l'armée : ce degré est le plus élevé, auquel les lettrés puissent aspirer. Le nombre des colaos ne passe pas cinq à six. L'un d'eux jouit ordinairement de quelque distinction au-dessus des autres ; il a toute la confiance de l'empereur, et doit être regardé comme premier ministre.

Les mandarins de la seconde classe sont en quelque sorte les adjoints de ceux de la première. C'est de leur ordre que

(1) Ce mot vient du portugais *Mandar*, formé du latin *Mandare*.

sont tirés les vice-rois des provinces et les présidens des autres tribunaux. On porte à leur tribunal presque toutes les grandes affaires lorsque l'empereur n'assemble pas son grand conseil.

Les mandarins de la troisième classe sont les secrétaires de l'empereur. On les tire des quatrième, cinquième et sixième ordres.

Le mandarinat est ou civil ou militaire. Les mandarins civils sont répandus dans toutes les parties de l'empire. Le nombre en est de treize mille six cent quarante-sept ; et celui des mandarins militaires est de huit mille cinq cent vingt.

Chacun de ces mandarins jouit d'une pleine autorité dans son district : mais il dépend lui-même de plusieurs autres mandarins plus puissans, qui à leur tour sont subordonnés à ceux de la première classe, au-dessus desquels est l'empereur. Ainsi, dans cette hiérarchie de puissance, on doit concevoir avec quelle facilité l'ordre et l'harmonie doivent s'établir dans cette vaste machine.

Le pouvoir d'un mandarin n'est pas plus

limité que celui du prince dont il tient son autorité. Un officier de cette espèce, passant dans une ville , fait arrêter qui bon lui semble et le fait expirer sous les coups , sans que personne ose prendre sa défense. Une troupe de bourreaux annoncent son approche par une espèce de hurlement. Celui qui oublie de se ranger contre la muraille , est bientôt assommé de coups de bambou. Cependant ce fier mandarin n'est pas à l'abri du bâton ; l'empereur lui fait donner la bastonnade pour le moindre délit. Pour montrer leur soumission , les mandarins du premier ordre portent toujours avec eux les instrumens de leur supplice ; ce sont des chaînes et un coutelas, renfermés dans un coffre couvert d'une toile peinte , et porté par deux hommes qui les précèdent. Lorsqu'ils sont mandés par l'empereur, ils sont obligés de se couvrir de ces chaînes et de paraître en cet état pour lui prouver leur obéissance.

Les mandarins sont distingués par un costume particulier. Ils portent à leur bonnet un bouton rouge et des plumes de paon. Leurs robes de cérémonie ont sur le devant et

sur le derrière, une broderie carrée qui est
très-riche et qui représente un dragon.
Plusieurs ont un vêtement jaune, couleur qui distingue les premiers personnages de l'état, et qu'ils ne peuvent porter que par une permission particulière du
souverain. Il est très-rare qu'un mandarin
d'un rang élevé voyage ou sorte jamais de
sa maison, sans un train convenable à sa
dignité.

CHAPITRE IV.

*Gouvernement, Magistrats, justice cri-
minelle de la Chine.*

L<small>E</small> gouvernement de la Chine est impérial et despotique, quoique paternel. La
seule institution qui tende à y limiter le
pouvoir, est celle qui permet aux mandarins et aux tribunaux d'adresser des remontrances à l'empereur, mais de la manière la plus soumise, sur les erreurs de
son gouvernement. Quand c'est un prince
vertueux, cette liberté peut avoir des résul-

tats avantageux pour le peuple. L'empereur prend le titre de *fils sacré du ciel*, *d'unique gouverneur de la terre, de grand-père de son peuple.* Il a un trône sur lequel on porte des offrandes ; il est adoré et l'on se prosterne devant lui. S'il adresse la parole aux seigneurs de sa cour, ils doivent fléchir le genou en recevant ses ordres. Tout ce qui l'entoure partageait avec lui cette espèce d'idolâtrie avant la dynastie actuelle. Quand il sortait, les Chinois avaient ordre de se renfermer dans leurs maisons. Celui qui se trouvait sur son passage ne pouvait éviter la mort qu'en tournant le dos et en se prosternant la face contre terre. On fermait soigneusement les boutiques devant lesquelles il devait passer. Il ne marchait jamais sans être précédé de deux mille hommes qui portaient des faisceaux, des haches et divers autres instrumens propres à caractériser un pouvoir tout despotique. L'empereur *Kan - Hi*, qui aimait à voyager dans ses états, avait beaucoup adouci la rigueur de cette étiquette.

Nul pays au monde ne renferme un aussi grand nombre de magistrats chargés

de l'administration de la justice civile
ou criminelle. Les juges sont payés par
les deux parties. Comme leurs honoraires
ne sont pas déterminés, il est probable
que le plaideur qui peut donner le plus, l'emporte sur celui qui peut donner le moins.

Chaque province est subdivisée en un
certain nombre de juridictions, plus ou
moins étendues, qui en ont d'autres sous
leur dépendance. Tous ces tribunaux dépendent d'un vice - roi, et de quatre autres
fonctionnaires qui lui servent d'assesseurs
selon la nature des affaires. Ce vice-roi,
qui a quelquefois deux provinces sous sa
dépendance, est un grand-mandarin.

Les différends et les procès sont bientôt
terminés. Les formes et les plaidoieries de
la justice ne sont pas aussi multipliées en
Chine, que dans les pays plus civilisés. La
propriété y est établie d'une manière si
simple, que ce droit ne donne lieu qu'à
de légères contestations.

C'est de la justice criminelle dont les
formes sont simples, et dont les arrêts s'exécutent promptement, que les tribunaux
sont le plus souvent occupés. Ils punissent

le coupable par la bastonnade, le fouet, le carcan, ou la peine capitale. La bastonnade et le fouet sont les châtimens qu'ils infligent aux yeux du peuple. Un mandarin, de quelque ordre qu'il soit, n'y peut être condamné. Après la bastonnade et le fouet, la peine la plus rigoureuse est celle du carcan. Il est formé de deux pièces de bois qui diffèrent selon la nature du crime. Comme elles sont échancrées au milieu, on y fait entrer le cou du coupable ; après quoi on les resserre, et l'on y place sur une bande de papier, le sceau du tribunal, le temps que doit durer la peine et la qualité du crime.

Les trois genres de supplices qui vont à la mort, sont d'étrangler, de trancher la tête et de couper en morceaux. On ne punit de ce dernier que les rebelles, les criminels de lèse-majesté, les assassins de leurs maîtres, et les voleurs qui ont commis des cruautés. Le supplice le plus commun pour les crimes ordinaires qui méritent la mort, est la strangulation.

Le coupable, qui est condamné à avoir la tête tranchée, n'est point exposé sur un écha

faud le jour de l'exécution. Il se met à genoux
dans une place publique, les mains liées derrière le dos. Un exécuteur le tient de manière qu'il ne puisse remuer ; puis, un autre,
le saisissant par derrière, lui enlève la tête
d'un seul coup, et le renverse aussitôt avec
une telle adresse, qu'il ne tombe pas une
seule goutte de sang sur ses habits. Ce sont
ordinairement des soldats qui sont employés
à ces exécutions, dont il leur est honorable
de s'acquitter adroitement. A *Péking*, l'exécuteur est ceint d'un tablier de soie jaune,
et porte un coutelas enveloppé d'une étoffe
de la même matière et de la même couleur, qui est celle de l'empereur. C'est pour
montrer au peuple qu'il est revêtu, dans
l'exercice de ses fonctions, d'une portion de
l'autorité impériale.

La strangulation est moins déshonorante
pour les Chinois que la décapitation. La
perte d'une partie du corps est pour eux
l'excès de l'infamie.

Il est d'usage que tous les coupables condamnés à mort soient transférés dans la
capitale de l'empire, où leur procès est
revu par le grand tribunal des crimes, et

il est rare qu'une sentence de mort soit exécutée, sans avoir été confirmée par l'empereur ; ce qui prouve que la vie des hommes est comptée pour quelque chose dans ce pays.

Un criminel condamné à mort n'est point exécuté aussitôt que la sentence a été vérifiée par l'empereur. Tous ceux qui doivent être punis de mort, attendent ordinairement la saison de l'automne. C'est alors que se fait l'exécution générale de tous les condamnés.

CHAPITRE V.

Armée chinoise. Solde, Costume et Armes des Soldats. Étendards.

Les voyageurs qui ont écrit sur la Chine ne sont pas plus d'accord sur le nombre de ses troupes que sur celui de ses habitans. Les uns assurent qu'il s'élève à un million de fantassins et à huit cent mille hommes de cavalerie ; les autres ne comptent que six cent mille des premiers et deux cent qua-

rante mille des seconds. Une grande partie
de ces troupes , surtout la cavalerie , est
composée de Tartares. Leurs principaux
officiers sont de la même nation. L'entretien de ces forces coûte par an sept cent
quatre-vingt-douze millions de francs.

Les soldats sont enrôlés dans les endroits
de leur naissance , et attachés aux corps
qui résident dans leur province. Ces corps,
comme les régimens des frontières autri-
chiennes du côté de la Turquie , ne chan-
gent jamais de garnison.

Les missionnaires et les voyageurs ne
s'accordent point entr'eux au sujet de la
solde des troupes ; elles la reçoivent chaque
mois, y compris les frais de nourriture, suivant le calcul le plus probable ; les fantassins reçoivent deux taëls, ou dix francs,
et les cavaliers , quatre taëls , ou vingt
francs. Les Tartares sont mieux payés que
les Chinois. Indépendamment de leur paye
et des rations qu'on leur accorde , les soldats obtiennent des gratifications de l'empereur dans certaines occasions, comme
lorsqu'ils se marient , ou qu'il leur naît
un enfant mâle. A la mort de leurs parens,

ils reçoivent un présent de consolation ; et quand eux-mêmes meurent, un pareil don est accordé à leur famille.

Tous les soldats de service dans les corps-de-garde, sur les rivières, sur les chemins, et en d'autres lieux, possèdent encore des terres qu'ils cultivent, et dont ils payent une rente à l'état. Les autres, qui n'ont que leur solde, ne sont pas toujours occupés, et peuvent alors exercer un métier lucratif. Dans les petites villes, les villages et les hameaux, ils font l'office de geôliers, de commissaires, de gendarmes, d'assesseurs des magistrats, de percepteurs, de gardes des greniers publics, etc. En temps de guerre, outre leur paye ordinaire, les troupes reçoivent une avance de six mois, et leurs familles reçoivent pour leur subsistance une partie de la solde des guerriers qui leur appartiennent.

Tous les soldats chinois jouissent de leur liberté, excepté dans les temps d'exercices. Les manœuvres ont lieu à chaque nouvelle lune. Pendant leur durée, les mandarins militaires font la revue des armes de chaque soldat, et le font manœuvrer. S'ils ont

quelque reproche à lui faire, ils le font
punir de la bastonnade, si c'est un Chinois ;
et du fouet, si c'est un Tartare.

L'habit militaire varie pour la forme et
la couleur dans presque toutes les provinces
de l'empire. Il consiste ordinairement dans
une casaque blanche ou jaune, brune ou
bleue, bordée d'un ruban large et d'une
couleur qui contraste avec celle de l'habit.
Les autres parties de l'accoutrement sont
des gilets et des jupons piqués, et des bottes
de satin, avec des semelles d'un papier
presque aussi fort que le carton.

Dans quelques provinces, les soldats portent des cuirasses ou cottes de mailles et des
casques. Les cuirasses sont composées de
plusieurs pièces, de manière qu'elles ga-
rantissent le corps sans en gêner les mouvemens. Elles sont faites de toile brune en
dehors et doublées de toile blanche et bleue.
il y a entre le dessus et le dessous plusieurs
doubles, et de distance en distance de petites pièces de tôle à travers lesquelles
passe un clou de cuivre, qui est rivé en
dessous sur un morceau de cuir.

Le casque est de cuir ou de carton, et.

1.   3

ses côtés se rabattent sur les joues et jusque sur les épaules. Il est surmonté d'une houppe rouge, de poil de vache, attachée au bas d'un fer de lance. Les officiers portent en place une aigrette faite avec des bandes de peaux dont la finesse et la qualité distinguent le grade. Le casque s'attache sous le menton avec des rubans ; on met par derrière une pièce de la même matière que la cuirasse, pour garantir le cou et les oreilles. Les soldats ne portent pas habituellement leur casque, mais de simples bonnets.

La casaque des fantassins est moins longue que celle des cavaliers et n'a pas de cuissards.

Les selles de la cavalerie sont garnies de drap et élevées, à peu près comme celles des Cosaques russes que nous avons vus à Paris ; les étriers sont très-courts. Un Chinois à cheval est un objet risible pour un Européen, car il est obligé de relever les genoux presque à la hauteur du menton.

La cavalerie est armée de l'arc. Cette arme est celle que les Chinois et les Tartares manient avec le plus d'adresse. Pres-

que toutes les pièces d'habillement d'un
cavalier, ainsi que de son équipement,
sont piquées et garnies de fer. Cet uniforme
a les inconvéniens et non les avantages
d'une armure.

L'infanterie a pour armes offensives le
sabre, l'épée, la pique, le fusil et la flèche.
Le fusil est de fer battu, monté sur un fût
de bois ; la crosse est petite et presque
pointue ; la baguette est de fer ainsi que
le bassinet, que recouvre un morceau de
cuivre. Chaque fois que le soldat veut
tirer, il est obligé d'ouvrir le bassinet avec
la main. Ainsi, dans les mauvais temps,
la poudre reste exposée au vent ou à la
pluie ; la mèche qui sert à allumer le bassinet est incluse dans un morceau de fer,
garni d'un petit manche pour l'élever ou
l'abaisser. Chaque soldat a plusieurs de ces
mèches dans un petit sac de cuir attaché à
son arme. La giberne est une espèce de
toile noire, peinte à l'huile, et qui sert à
soutenir les balles. Les soldats ont de plus
un grand cornet de corne pour mettre leur
poudre, et un autre beaucoup plus petit

pour celle qui sert d'amorce, et qui est ordinairement plus fine.

Il y a des troupes qui ne sont armées que d'une longue épée, et dont l'uniforme est appelé l'habillement des tigres. Ce vêtement, ajusté aux formes du corps, est jaune, et marqué de raies d'un brun foncé. Le bonnet couvre presque entièrement le visage et représente une tête de tigre. Elles portent un bouclier de bambou sur lequel est peinte une tête de tigre ou de dragon, avec une gueule et des dents énormes. Elles attachent beaucoup d'importance à l'effet que peut produire cette hideuse figure sur ceux qui la regardent.

Toutes les compagnies de soldats sont de vingt-cinq hommes. Chaque compagnie a un étendard triangulaire, et un petit guidon de la même forme par cinq hommes : cet étendard et ce guidon sont de différentes couleurs. Les Tartares sont distingués par des bannières jaunes, blanches, rouges et bleues. La couleur verte est celle des troupes chinoises. L'étendard peut avoir près de six pieds de longueur.

Outre ces étendards qui distinguent chaque compagnie, tous les officiers et soldats ont une petite bande de soie attachée au dos de la cuirasse. Elle est de la couleur de la compagnie à laquelle ils appartiennent, et porte écrit le nom du soldat, celui de sa compagnie; et si c'est un officier, sa qualité et son grade.

CHAPITRE VI.

Des principales productions de la Chine, animales, végétales et minérales.

La Chine possède, outre nos animaux domestiques, beaucoup d'autres que nous n'avons pas. Les éléphans sont communs dans le midi de cet empire; on y trouve aussi des rhinocéros qui habitent les bords des marais. Mais les animaux les plus remarquables sont une espèce de singe, qu'on nomme *sin-sin*, qui diffère des autres, soit par sa grandeur qui égale presque celle des hommes d'une taille médiocre, soit par une

plus juste conformité d'actions presque hu-
maines, et une plus grande facilité à marcher sur leurs jambes de derrière; des
cerfs qu'on ne voit presque nulle part ailleurs, et qui ne deviennent ni plus grands
ni plus gros que les chiens ordinaires. Les
princes et les grands en nourrissent par
curiosité dans leurs jardins.

Dans les provinces méridionales et dans
celles de l'ouest de Péking, on remarque
des daims odoriférans. Ces animaux n'ont
point de cornes, et leur poil est d'un brun
très-foncé. La bourse qui renferme leur
musc est composée d'une pellicule très-
fine, couverte d'un poil fort délié; la
chair même de ces animaux est bonne à
manger.

Dans ces mêmes provinces, on voit des
perroquets de toutes les espèces, et parfaitement semblables à ceux qu'on nous
apporte d'Amérique; mais ils ne sont pas
comparables aux oiseaux qu'on nomme *kin-
ki* ou *poules d'or*. Nous n'avons en Europe
nul oiseau qui en approche. La vivacité du
rouge et du jaune de leur plumage, le pa-
nache de leur tête, les nuances de leur

queue, et les plus justes proportions se font admirer dans tout l'ensemble de leur corps.

Les papillons d'une montagne de la province de Quanq-Tong sont si estimés, qu'on en envoie à la cour les plus rares et les plus gros. Comme leurs couleurs sont extrêmement variées et d'une vivacité surprenante, ils entrent dans certains ornemens qui se fabriquent dans le palais. Ils sont plus gros que ceux d'Europe, et ont les ailes bien plus larges. Immobiles sur les arbres pendant le jour, ils se laissent prendre sans peine ; ce n'est que sur le soir qu'ils commencent à voltiger.

Dans ce nombre prodigieux de poissons que nourrissent les fleuves de la Chine, il en est deux qui méritent d'être remarqués, malgré la grande différence qui existe entre eux. Le premier se nomme *kin-yu* ou *poisson d'or* ; c'est une dorade, qui, comme chez nous, fait l'ornement des bassins. Autant ces petits poissons plaisent à la vue, autant celui qu'on nomme *hai-sing* est hideux. C'est cependant le mets le plus ordinaire des Chinois. Il n'a ni arêtes, ni cartilages, et meurt dès qu'on le presse. On le conserve aisément avec un peu de sel. Ainsi salé, on le transporte par tout l'empire comme un mets recherché.

L'agriculture est en grand honneur à la Chine. Chaque année, le quinzième jour de la lune, qui répond ordinairement aux premiers jours de mars, l'empereur fait en personne la cérémonie de l'ouverture des terres. Il se transporte en grande pompe au champ destiné à la cérémonie. Les princes de la famille impériale, les présidens des cinq grands tribunaux et un nombre infini de mandarins de tous les ordres l'accompagnent. Deux côtés du champ sont bordés par les officiers et les soldats de sa garde. Le troisième est réservé à tous les laboureurs de la province; les mandarins occupent le quatrième. L'empereur entre seul dans le champ, se prosterne et frappe neuf fois de la tête contre terre pour adorer le *Tien*, c'est-à-dire le Dieu du ciel; il récite à haute voix une prière composée par le tribunal des rits, pour invoquer la bénédiction du grand Être sur son travail et sur celui de tout son peuple. Ensuite, comme premier pontife de l'empire, il immole un bœuf, qu'il offre au ciel comme au maître de tous les biens. Pendant qu'on sacrifie la victime, et qu'on la place sur un autel, on amène au monarque une charrue, attelée d'une paire de bœufs magnifiquement ornés. Alors il quitte ses habits impériaux, saisit le manche de la charrue, et forme plusieurs sillons dans toute l'étendue du champ; puis, d'un air satisfait, il remet la charrue aux principaux mandarins, qui labourent successivement, et se piquent les uns les autres d'une vive émulation dans ce noble exercice. La cérémonie se termine par une distribution d'argent et de pièces d'étoffes aux laboureurs présens, dont les plus habiles exécutent le reste du labourage avec adresse et promptitude en présence de l'empereur.

Quelque temps après qu'on a donné à la terre tous les labours et engrais nécessaires, l'empereur vient de nouveau commencer la semaille de son champ, toujours en cérémonie, et devant les laboureurs. La même cérémonie se pratique le même

1.   3*

jour dans toutes les provinces de l'empire,
par les vice-rois, assistés de tous les magistrats de leur département, et toujours en
présence d'un grand nombre de laboureurs.

Le gouverneur de la ville de Péking va
souvent visiter ce champ, dont on prend
le plus grand soin. Il parcourt les sillons;
il examine s'il ne s'y trouve point d'épis
extraordinaires et de bon augure. C'est ce
même gouverneur qui préside à la moisson.
On met les grains dans des sacs de couleur
jaune, et ces sacs sont déposés dans un
magasin construit exprès. Lorsque l'empereur sacrifie au *Tien*, ou Dieu du ciel,
il lui offre de ce blé ; et dans certains jours
de l'année, il en présente à ses ancêtres,
comme s'ils étaient encore vivans.

Ces honneurs rendus à l'agriculture n'em-
pêchent pas que l'industrie chinoise ne soit
restée en arrière dans la culture des terres,
des arbres fruitiers et des autres végétaux.
Si les Chinois prenaient pour les arbres
fruitiers autant de soin que les Européens,
ils auraient, avec les fruits que nous n'a-
vons pas, tous ceux que nous avons. Ils sont

néanmoins bien dédommagés de ceux qui leur manquent, par d'autres fruits excellens, étrangers à nos climats. Ils en ont un, entre autres, qu'ils nomment *tse-tse*. Il ressemble à une grosse pomme, et lorsqu'il est sec, il devient farineux et sucré comme les figues. A mesure qu'il mûrit, il prend une couleur aurore. L'arbre qui le porte est très-beau.

Parmi les arbres les plus capables d'exciter l'envie des Européens, il n'en est pas qui le méritent mieux que les quatre suivans.

Le premier est l'arbre du vernis. Sa feuille ressemble à celle des cerisiers sauvages ; la gomme qu'on en tire par incision forme un vernis estimé qui prend toutes les couleurs qu'on veut lui donner, et ne perd rien de son éclat, ni par les changemens de l'air, ni par la vieillesse du bois sur lequel on l'a appliqué.

Le second arbre est l'arbre d'aloès. Il renferme sous son écorce trois sortes de bois. Le premier est noir, compact et lourd ; le second est léger comme le bois pourri ; le troisième est vers le cœur. Il se vend

dans l'Inde au poids de l'or. L'odeur en
est exquise. C'est un excellent remède dans
l'épuisement ou la paralysie. On se sert des
feuilles de cet arbre pour couvrir les maisons ; on leur donne aussi la forme de plats
ou d'assiettes ; les fibres de ces feuilles donnent une espèce de chanvre dont on fait la
filasse ; les pointes qu'on trouve sur ses
branches servent à fabriquer des clous,
des dards et des alênes. En arrachant les
boutons de l'arbre, il en sort une liqueur
vineuse et sucrée qui se change quelquefois en un excellent vinaigre. Le bois des
branches a le goût du citron confit, et se
mange.

Le troisième arbre est celui qui produit
le suif. Il est de la hauteur d'un grand
cerisier. Son fruit est renfermé dans une
écorce qui s'ouvre par le milieu, quand il
est mûr, comme celle de la châtaigne. Ce
sont des grains blancs, gros comme une
noisette, et dont la chair a la qualité du
suif. On en fait des chandelles, après l'avoir
fait fondre, et en y mêlant un peu d'huile
commune. On trempe ensuite ces chandelles dans la cire dont nous allons parler.

Cette cire forme autour du suif une espèce de croûte qui l'empêche de couler.

Le quatrième arbre est le plus rare. Il porte une cire blanche, produite par de petits vers qui s'enveloppent dans ses feuilles plus longues que larges. Cette cire, bien préparée, est très-dure et très-luisante, et coûte beaucoup plus cher que celle des abeilles.

Parmi les arbres dont le bois est employé par les charpentiers et les menuisiers, sont ceux dont le bois est nommé *nommou*, et *tié-ly-mou*. On se sert du premier pour les colonnes des appartemens et pour les salles du palais impérial. Les Chinois disent qu'il faut l'employer quand on veut élever un bâtiment qui doit durer toujours. Les ancres des vaisseaux sont faites de ce bois. Le *tié-ly-mou* est une espèce de bois de rose, d'un rouge très-foncé, rayé et semé de veines très-fines. Il est propre aux ouvrages de menuiserie les plus délicats. Les meubles qui en sont fabriqués, sont estimés dans tout l'empire.

Parmi les arbres de la Chine, le *bambou* doit tenir le premier rang. Le jet en est aussi élevé que le tronc de la plupart des arbres, et quoiqu'il ne soit plein que dans les nœuds, il ne laisse pas d'être fort dur, et capable de supporter de grands fardeaux et même des maisons de bois. On peut le couper en fils déliés, pour en faire des nattes, des boîtes et d'autres ouvrages élégans. Lorsqu'on en fait bouillir les morceaux jusqu'à ce qu'il soit réduit en pâte, on en fabrique un papier fin ou grossier, qui se vend dans le commerce. Le bambou est encore d'usage dans les conduits d'eau, dans les canaux, et dans plusieurs autres occasions. On en trouve des forêts entières.

Le *thé* dont les nations européennes font un si grand usage, et qui, pour les Chinois, est une boisson de première nécessité, est la feuille d'un arbuste qui ressemble à un cep de vigne, et dont la fleur, qui est blanche, a la forme d'une rose à cinq ou six pétales. Le nom de *thé* nous est venu du patois qui se parle à Tsuen-Tchéou et à Tchang-Tchéou-Fou, dans la province de Fo-Kien. Dans le reste de l'empire, on le nomme *tcha*. On distingue deux sortes de *thé*, le thé vert et le thé noir. De ces deux espèces, on forme toutes les autres. Dans

les provinces où il n'est pas commun, tout
ce qui se rapporte à son goût ou à ses
effets, est employé par le peuple, qui n'y
regarde pas dé si près, et pour qui le thé
le plus grossier est une excellente boisson.
C'est ainsi qu'à Paris, le petit peuple se
régale avec le café de chicorée.

Les autres végétaux précieux que la
Chine produit, sont entre autres l'esquine,
la galanga, la rhubarbe, le benjoin, et le
ginseng. Cette dernière plante, dont le nom
signifie *vie de l'homme*, s'est long-temps
vendue en Chine au poids de l'or. A ces végétaux nous devons ajouter le tabac et l'o-
pium, dont les Chinois font un grand usage.

Les mines d'argent sont abondantes dans
cet empire; mais on ne met pas beaucoup
d'activité à les exploiter. L'or s'extrait principalement du sable des rivières, vers les
frontières du Tibet. On ne frappe point
de monnaie d'or ni d'argent.

Le cuivre jaune de quelques provinces
sert à fabriquer la petite monnaie qui a
cours dans tout l'empire. Le plus remarquable est celui qu'on nomme *pe-tung*. Il
est blanc quand on le tire de la mine, et

encore plus blanc en dedans qu'en dehors, Il ressemble parfaitement à l'argent avec lequel il s'allie.

On trouve en Chine le lapis lazuli , le jaspe , le cristal de roche, l'aimant, le granit, le porphyre et différentes espèces de marbre. Les dépôts de sel gemme et de salpêtre sont inépuisables dans le nord et l'ouest de l'empire.

CHAPITRE VII.

Description des principales villes de la Chine.

LA Chine renferme un grand nombre de villes du premier ordre , et plusieurs , dont la population excède de beaucoup celle de la ville de Paris. Comme il serait trop long de les décrire toutes , nous ne nous arrêterons qu'à celles qui y tiennent le premier rang, comme Péking, Nanking, Canton, etc.

Description de Péking et du palais impérial.

Péking, la principale ville de la province

de Petchéli, est la capitale de toute la Chine.
elle est située dans une plaine très-fertile, à
20 lieues de la grande muraille. Son nom
signifie *cour du septentrion*. Sa forme est un
carré long, et elle se partage en ville chinoise et ville tartare. C'est dans celle-ci que
sont situés le palais de l'empereur, la salle
des tribunaux et les bureaux du gouvernement. Les deux villes réunies ont environ
dix lieues de tour. Les murs de Péking sont
si élevés qu'ils en dérobent la vue, et si larges qu'on y peut monter à cheval par une
rampe qui se prend de fort loin. Toute la
beauté des portes consiste dans une hauteur qui égale presque celle des murailles.
Elles sont au nombre de neuf, et ont un
double pavillon, garni d'artillerie. Celle du
milieu conduit à la ville tartare. Les rues
sont presque toutes tirées au cordeau, longues d'une lieue, et plusieurs ont cent
vingt pieds de largeur. Les boutiques des
marchands se font remarquer par leurs
peintures, leur vernis et leur dorure. Pour
les rendre plus remarquables, on place
sur le devant un grand poteau qui de haut
en bas est orné de banderolles et de rubans

de toutes couleurs. Ce qu'il y a de plus singulier, c'est que la plupart des objets étalés
avec le plus d'éclat, ne sont que des cercueils
bien ornés, et qui surpassent deux fois le
volume des nôtres.

On est étonné de voir la multitude in-
nombrable d'habitans qui remplissent les
rues ; les embarras causés par une prodigieuse quantité de chevaux, de mulets, d'ânes, de chameaux, de charrettes, de chaises à porteurs ; des pe-
lotons de cent ou de deux cents personnes
assemblées d'espace en espace, pour écouter ceux qui disent la bonne aventure,
les joueurs de gobelets, et d'autres qui
racontent des histoires propres à égayer
les assistans. Les personnes qui ne sont
pas du commun, seraient arrêtées à tout
instant, si elles ne se faisaient précéder
d'un cavalier qui écarte la foule en criant
de faire place. Malgré cette prodigieuse
affluence, il est rare que des querelles
s'élèvent dans les rues. Si deux voitures s'accrochent, leurs conducteurs,
plus polis que les charretiers européens,
au lieu de s'injurier, se préviennent l'un

l'autre, et s'entr'aident paisiblement pour
se tirer d'embarras. Ces honnêtes procédés
sont aussi ceux des voituriers qui parcourent les grands chemins.

On voit ordinairement beaucoup de
femmes dans les grandes rues de Péking.
Les unes vont à pied, les autres à cheval, non pas assises, comme les dames
en Europe, mais montant comme les hommes. Ces femmes sont toutes de race tartare; elles portent de longues robes de
soie, qui leur tombent jusqu'aux talons.
Quant aux dames chinoises, elles demeurent scrupuleusement renfermées dans
leurs maisons, soit à Péking, soit dans
les autres villes de la Chine.

Le palais impérial est un amas prodigieux de grands bâtimens, de cours spa-
cieuses, et de vastes jardins. C'est moins
un palais qu'une petite ville, habitée par
les princes et par tous ceux qui sont au
service de l'empereur. Il a plus d'une
lieue de circonférence. Sa façade brille
de peintures, de dorures et de vernis. Les
meubles et les ornemens de l'intérieur
offrent ce que la Chine, l'Inde et l'Eu-

rope ont de plus recherché et de plus
beau.

Les jardins de la maison de campagne de
l'empereur, qui est située à deux lieues au
nord de Péking, renferment un vaste terrain,
où s'élèvent, à des distances convenables,
de petites montagnes, séparées les unes
des autres par de petites vallées arrosées
de canaux. Toutes ces eaux, en se réunis-
sant, forment des lacs et des étangs couverts de barques magnifiques, et dont les
bords sont ornés de bâtimens de la plus
agréable diversité. Il y a dans chaque
vallée une maison de plaisance assez
vaste, pour loger le plus grand seigneur
de l'Europe, avec toute sa suite. On en
compte plus de deux cents. On admire,
au milieu d'un lac, une île de rocher sur
laquelle on a construit un superbe palais
qui a plus de cent appartemens. Les montagnes et les collines sont plantées d'arbres, qui portent des fleurs de l'odeur
la plus suave. Les canaux sont bordés
de rochers, arrangés avec tant d'art,
qu'ils imitent parfaitement ce que la nature offre de sauvage et de désert. Au

sommet des plus hautes montagnes , de
grands arbres environnent des pavillons et
des kiosques , destinés à la retraite.

Ce fut dans un de ces cabinets que se
passa lá scène affreuse qui mit fin à l'exis-
tence de la dynastie des empereurs qui
avaient bâti ce palais. En 1644 , un rebelle , nommé *Li-Tching*, se mit à la tête
d'une armée de Chinois , et s'avança jusqu'aux portes de Péking, dans l'intention de
détrôner l'empereur *Tsong-Tching* , et y
entra le troisième jour , à la tête de trois
cent mille hommes. L'infortuné monarque
était alors enfermé dans son palais, où il
s'occupoit des superstitions des bonzes. Il
ne put ignorer long-temps ce qui se passait
au dehors. Dès qu'il s'aperçut qu'il était
trahi , il voulut sortir de son palais, avec
six cents de ses gardes ; mais ils eurent
la lâcheté de l'abandonner. Alors , perdant tout espoir , et préférant la mort à
la honte de tomber vivant entre les mains
des rebelles , il se retira dans un pavillon
de son jardin , et après avoir écrit ces paroles sur le bord de son vêtement: *Mes sujets m'ont lâchement abandonné ; fais de*

moi ce qui te plaira ; mais épargne mon peuple, d'un coup de sabre , il fit tomber sa fille à ses pieds , et alla ensuite se pendre à un arbre , à l'âge de trente-six ans.

Le premier ministre, les reines , les eunuques imitèrent cet exemple. On chercha le cadavre de l'empereur. Lorsqu'on l'eut trouvé , on le mit sous les yeux de l'usurpateur, assis sur son trône. Après l'avoir indignement traité , ce rebelle fit trancher la tête à deux de ses enfans , et à tous ses ministres.

Le trône de l'empereur à Péking est au milieu d'une salle , presque carrée , d'environ cent trente pieds de longueur. Il consiste dans une estrade élevée , fort propre , mais sans magnificence. Lorsque le monarque veut s'y asseoir, pour y recevoir les hommages des princes , des grands de l'empire , et des ambassadeurs étrangers , il y est porté dans une chaise par des officiers habillés d'une longue veste rouge brodée de soie , et couverts d'un bonnet , orné d'une aigrette.

Les temples de Péking ne sont pas des édifices bien remarquables. La religion de

D'un coup de sabre il fit tomber sa fille à ses pieds
et alla ensuite se pendre

l'empereur actuel, qui est celle du grand Lama, est nouvelle en Chine, et les cérémonies y sont pratiquées avec bien moins de pompe qu'en Tartarie. Les mandarins et les lettrés se rassemblent pour honorer la mémoire de Confucius, dans des édifices très-propres, mais d'une construction fort simple. Quant aux classes inférieures, leur attention est dirigée vers leurs dieux domestiques, et chaque maison a son autel et ses divinités.

Les habitans de Péking se couvrent, en hiver, de fourrures et de toile de coton piquée. Ils ne sont point accoutumés à voir le feu. Il n'y a dans cette capitale, d'autres cheminées que celles des cuisines des grands hôtels. Il y a cependant des poêles dans les principales maisons, et on les chauffe, en dehors des appartemens, avec du charbon de terre, dont plusieurs provinces renferment des mines considérables.

La police de Péking est si bien réglée, qu'il est infiniment rare que la sûreté et la tranquillité des habitans de cette grande capitale soient troublées. A l'extrémité, et même le long de chaque rue, à des dis-

.tances égales, il y a une barrière, avec une guérite où se tient un soldat en faction ; et, dans le plus grand nombre, on trouve un corps-de-garde. Ces soldats font une ronde exacte pendant la nuit.

De Nanking.

Cette ville, située dans la province de Kiang-Nan, dont elle est la capitale, est une des plus grandes villes de la Chine, et l'on dit même qu'elle est trois fois plus grande que Péking. Elle était ville impériale, avant que des raisons d'état eussent engagé les empereurs à s'approcher de la Tartarie ; aussi son nom signifie-t-il, *cour du midi*. Dans les actes publics, on la nomme *Kiang-Ning*. Le tiers environ de son terrain est absolument désert ; le reste est extrêmement peuplé. Ses rues, quoique plus étroites que celles de Péking, sont assez belles, bien pavées, propres et richement fournies. On lui donne douze lieues de tour et plus d'un million d'habitans. Elle n'a d'édifices que ses portes, qui sont d'une beauté extraordinaire, et quelques temples, tel que celui qui con-

tient la fameuse tour de porcelaine, haute
de deux cents pieds, à neuf étages,
et dont nous avons déjà parlé. Dans
aucune ville de la Chine, les sciences
et les arts ne sont mieux cultivés. Elle
fournit plus de docteurs et de grands-
mandarins que plusieurs autres ensemble.
Les bibliothèques y sont plus nombreuses;
les magasins des libraires mieux fournis;
la typographie plus belle, et le papier
qui s'y fabrique est le plus beau de tout
l'empire. Ses satins, unis, ou semés de
fleurs, sont les meilleurs et les plus estimés.

Nanking était autrefois un excellent port
à cause de la largeur et de la profondeur
du fleuve *Kiang* ou *Rivière Bleue*, dont
elle n'est éloignée que d'une lieue; mais
depuis long-temps les grandes barques n'y
entrent plus.

Au mois d'avril et de mai, il se fait dans
le fleuve une grande pêche d'excellens poissons, qu'on envoie à la cour. Il y a des
barques uniquement destinées à cet usage.
Quoique la distance de Nanking à Peking

soit de deux cents grandes lieues, ces barques font le trajet en huit ou dix jours.

De la ville de Sou-Tchéou-Fou.

Cette ville, capitale de la partie orientale de la province de *Nanking*, est une des
plus belles et des plus agréables de l'empire. On peut la comparer à Venise, avec
cette différence que Venise est sur la mer,
et qu'elle est située sur une rivière. On se
promène dans ses rues par eau et par terre.
C'est, à proprement parler, une ville de
plaisir; rien n'y manque de tout ce qui
fait les délices de la vie. Cette grande ville
n'a que six portes par terre et autant par
eau. Les broderies et les brocarts qu'on
y fabrique, sont généralement recherchés
dans l'empire, parce que le travail en est
beau et le prix modique.

Ce qui donne le plus de célébrité à *Sou-
Tchéou-Fou*, c'est qu'elle est le séjour des
plus riches marchands, l'école des plus
grands artistes, des plus habiles comédiens, et des meilleurs funambules et

joueurs de gobelets. De plus, elle est la patrie des femmes aux plus petits pieds, et la législatrice du goût chinois, de la mode et du langage. Aussi les Chinois, pour en faire l'éloge, disent-ils, que *le paradis est dans les cieux*, et que *Sou-Tchéou-Fou est sur la terre*. C'est à peu près le dictum latin au sujet de notre ville de Béziers.

De la ville d'Hoei-Tchéou et de l'encre qu'on y fabrique.

Cette ville est la plus méridionale de la province de Nanking, et l'une des plus riches de l'empire. Ses habitans passent pour être très-habiles dans le commerce. C'est dans ses murs que se fabrique la meilleure encre de la Chine. Cette encre n'est pas liquide comme la nôtre ; elle se compose en forme de petites masses, sur lesquelles les ouvriers ont soin de graver des figures de fleurs, d'animaux, et autres objets que leur imagination leur fournit.

L'art de faire de l'encre, ainsi que tous es autres, est honorable dans cet empire

où les sciences et les arts sont les degrés
par lesquels on s'élève aux dignités. On
préfère aussi tous les ouvrages de vernis
qui se font dans cette ville, parce que cette
matière y est plus belle, et qu'on sait mieux
l'employer qu'ailleurs. C'est aussi de son
voisinage qu'on fait venir à King-te-
Tching, la terre qui sert à la fabrique de
la porcelaine.

Du bourg de King-té-Tching.

Ce bourg est situé dans la province de
Kiang-Si et dans le ressort de la ville de
Iao-Tchéou-Fou. Il renferme les meilleurs
ouvriers en porcelaine, et n'est pas moins
peuplé que les plus grandes villes de la
Chine. On y compte plus d'un million d'habitans. Il s'y consomme chaque jour plus
de dix mille charges de riz, et plus de
mille cochons. Ce village, placé dans une
plaine, environnée de hautes montagnes,
a une lieue et demie de longueur sur une
belle rivière. Les rues sont fort longues et
étroites : en les traversant, on croit se
trouver au milieu d'une foire ; et l'on y
est assourdi par les cris des porte-faix qui

veulent se faire passage. C'est l'asile d'une infinité de pauvres familles qui n'ont pas de quoi subsister dans les villes des environs. Lorsqu'on entre dans le port, au commencement de la nuit, par une des gorges des montagnes, on croit voir une grande ville dévorée par un incendie, ou une vaste fournaise dont les flammes s'échappent par plusieurs soupiraux. Il n'est point permis aux étrangers de coucher à *King-té-Tching*, à moins qu'ils ne logent chez des habitans qui répondent de leur conduite. Cette police, jointe à celle qui s'y observe jour et nuit, maintient tout dans l'ordre, et établit une entière sûreté dans un lieu dont les richesses exciteraient la cupidité d'une infinité de voleurs.

De l'île de Formose, voisine de la province de Fokien; tatouage des naturels de cette île.

L'île de Formose, située dans la mer Jaune, n'est pas toute sous la domination des Chinois. La partie orientale, qui est séparée de l'occidentale par des montagnes,

est habitée par une nation qui ne diffère
guère des sauvages de l'Amérique. Le
gouvernement et les mœurs des Chinois
qui l'habitent, ne diffèrent en rien des
mœurs et du gouvernement de la Chine ;
mais les naturels qui dépendent de cette
nation au nord et au midi, ont des mœurs
et des usages qui leur sont propres.

Ces peuples sont très-malpropres dans
leurs repas. Ce qu'ils ont apprêté, se place
sur une planche ou sur une natte ; et pour
manger, ils se servent de leurs doigts, à
peu près comme les singes. Ils mangent la
chair à demi-crue, et pour peu qu'elle soit
présentée au feu, c'est pour eux un mets
excellent. Pour lit, ils se servent des feuilles
fraîchement cueillies d'un arbre fort commun chez eux. Ils n'ont pour tout vêtement qu'une toile qui les couvre depuis la
ceinture jusqu'aux genoux. Le tatouage
est une parure qu'ils se donnent, mais
après l'avoir méritée. Ils gravent sur leur
peau des figures grotesques d'arbres, d'animaux, de fleurs, et emploient à cette opération plusieurs mois, et quelquefois une
année entière. Ceux qui se sont rendus

dignes de cette magnificence pour avoir surpassé les autres à la course ou à la chasse, se soumettent chaque jour, pendant tout ce temps-là, à une espèce de torture, que le désir d'être distingués des autres leur fait supporter avec beaucoup de patience.

Si tous ne peuvent pas obtenir cette distinction, tous néanmoins peuvent se noircir les dents, porter des pendans d'oreilles, des brasselets au-dessus du coude et des poignets, des colliers, et des couronnes de petits grains de différentes couleurs, à plusieurs rangs. La couronne se termine par une espèce d'aigrette de plumes de coqs ou de faisans. Qu'on se figure ces bizarres ornemens sur le corps d'un homme d'une belle taille, d'un teint olivâtre, dont les cheveux lisses tombent sur les épaules, qui porte à la main un arc ou une flèche, et n'a pour tout vêtement qu'une toile d'environ trois pieds de longueur, et l'on aura le portrait d'un brave de la partie méridionale de l'île de Formose.

Quoique ces peuples passent dans l'esprit

des Chinois pour barbares, ils paraissent pourtant moins éloignés de la véritable sagesse que la plupart des philosophes chinois. On ne voit parmi eux ni fourberies, ni vols, ni querelles, ni procès; ils sont équitables et s'aiment entre eux. Personne n'oserait toucher ce qu'on donne à l'un d'eux; le salaire du travail se partage également entre tous ceux qui y ont participé.

De la ville de Canton, nommée Quang-Tchéou-Fou par les Chinois.

Cette ville est la capitale du *Quang-Tong*, douzième province de l'empire chinois. Elle est bâtie sur une des plus belles rivières de l'empire. Sa circonférence ne le cède pas beaucoup à celle de Paris, et sa population est d'environ un million d'âmes. Son port, qui est le seul fréquenté par les Européens, est sans cesse couvert de navires qui y apportent les richesses de l'Europe, des Indes, et des autres provinces orientales de la Chine. Le coup-d'œil, en arrivant dans cette ville, est extrêmement

animé ; un nombre infini de barques parcourent la rivière en tout sens, sans se
heurter. Les factoreries, ou maisons occupées par les étrangers, n'ont rien de remarquable pour un Européen, dont la vue
n'est arrêtée que par les mâts élevés qui
les dominent, et sur lesquels flotte le pavillon de chaque nation. Les maisons des
gens du pays sont basses et n'ont en général qu'un seul étage. Aucun Européen ne
peut entrer dans la ville.

Cette grande capitale est comme composée de trois villes différentes, séparées
par de hautes murailles où la même porte
sert pour sortir de l'une et rentrer dans
l'autre ; le tout forme une figure à peu
près carrée. Les rues, qui sont longues,
droites et pavées de pierres de taille, sont
toutes bordées de boutiques, et il y règne
une grande propreté. Les gens aisés se font
porter en chaises ; le peuple remplit les
rues, surtout les porte-faix, la plupart nu-
pieds, nu-jambes, et la tête nue ou couverte d'un chapeau de paille d'une vaste
circonférence et d'une forme bizarre. Il
n'y a dans ces rues, pour transporter

les marchandises, que les épaules des hommes.

A l'extrémité de chaque rue, on trouve une barrière qui se ferme tous les soirs un peu plus tard que les portes de la ville. Ainsi, il faut que chacun se retire en son quartier, dès que le jour commence à manquer. Comme ces barrières sont placées dans toutes les plus grandes villes de la Chine, il arrive que, pendant la nuit, tout y est aussi paisible que s'il n'y avait qu'une seule famille. Que diraient les Parisiens, si chacune des grandes rues de Paris était fermée, en été à neuf heures du soir, et en hiver à cinq heures?

Tout le peuple de Canton ne loge pas dans cette vile ou dans ses faubourgs. La rivière est couverte, le long de ses deux rives, d'une quantité prodigieuse de barques qui sont les seules habitations d'un peuple infini; ces barques se touchent et forment des rues; dans chacune loge une famille. Les habitans de ces maisons flottantes sortent dès la pointe du jour pour aller pêcher ou travailler au riz, qu'on sème et qu'on recueille deux fois l'an. Le commerce des Chinois de Canton avec les étrangers leur a beaucoup ôté de cette simplicité des habitans de l'intérieur de l'empire.

D'un célèbre monastère de bonzes et de son fondateur.

A une lieue de Chao-Tchéou, seconde ville de la province de *Quang-Tong*, est un célèbre monastère de bonzes, dont le nombre était, dit-on, autrefois de mille. On ne peut rien voir de plus agréable que sa situation. Du milieu d'une grande montagne où il est placé, on découvre une charmante solitude qui s'étend dans une vaste plaine, entourée de collines, sur la cime desquelles on a planté, au cordeau, des arbres fruitiers, et d'espace en espace des bosquets toujours verts. Toute la contrée appartient à ce monastère, dont on fait remonter l'origine à près de mille ans.

On prétend que le fondateur de cette superbe demeure de moines chinois, dont le corps y est révéré, comme celui d'un saint, y passa sa vie dans la plus affreuse austérité. Une chaîne de fer qu'il portait, lui ayant pourri la chair au point que les vers s'y engendrèrent, il avait tant de soin de prolonger ses souffrances, qu'il ramassait les vers à mesure qu'ils tombaient de son corps, et les remettait à leur place, en disant qu'il y avait encore de quoi ronger.

CHAPITRE VIII.

Antiquité, commencement de l'empire chinois, et nombre des dynasties des empereurs.

SELON les savans qui se sont efforcés d'approfondir l'origine de cet empire, après que les enfans de Noé se furent répandus dans l'Asie orientale, leurs descendans pénétrèrent dans la Chine deux cents ans après le déluge, et ce fut dans la province de *Chen-Si*, que les premiers peuples occidentaux vinrent d'abord s'établir. Cette

province s'étant peuplée, celles de Honan,
de Petchéli et de Chantong reçurent de
nouvelles colonies qui, avec le temps, formèrent ensemble, sous un seul souverain,
un état qui ne s'étendait que vers le nord
du fleuve *Yang-Tse-Kiang.*

Dès le règne de l'empereur *Yu,* chef
de la première dynastie, on fit, du côté du
midi, de nouvelles découvertes dont ce
prince fit dresser des cartes géographiques.
Les habitans de ces régions peu peuplées
ne reconnaissaient pas encore son autorité. Les empereurs, ses successeurs, après
avoir assuré la couronne à leur fils aîné,
les abandonnèrent à leurs autres enfans
qui y formèrent des peuplades. Ce fut ainsi
que s'établirent plusieurs petits royaumes,
et que leurs nouveaux habitans, insensiblement accoutumés à la soumission par
de sages souverains, acquirent peu à peu
la connaissance des arts les plus nécessaires, et surtout de l'agriculture. Ces provinces ayant été réunies dans la suite par
la sagesse ou par la force des empereurs,
formèrent enfin ce vaste empire, tel qu'il
est aujourd'hui.

Les plus habiles historiens chinois conviennent que c'est *Fo-Hi* qui jeta les premiers fondemens de leur monarchie, trois
mille quatre cent soixante-sept ans avant
l'ère chrétienne, et deux cent cinquante-
cinq ans après l'époque où l'on place le
déluge. Ils conviennent des successeurs de
ce prince, lesquels sont au nombre de six,
jusqu'à l'empereur Yao. Mais en quel temps
a paru Fo-Hi? Quelle a été jusqu'à Yao
la durée du règne de ces six empereurs?
C'est ce qui est très-incertain, et sur quoi
la chronologie se trouve en défaut. Ce n'est,
en effet, que depuis Yao, dont le règne
commença deux mille trois cent cinquante-
sept ans avant Jésus-Christ, que la chronologie de ces historiens se trouve bien
conduite. Le nom des empereurs, la durée
de leur règne, les dissensions, les révolutions, les interrègnes, tout cela est marqué par eux dans un grand détail, et sans
nulle apparence de fourberie.

Si cette chronologie semble contraire à
la version de la Bible, que nous nommons
Vulgate, elle s'accorde aisément avec celle
des Septante. C'est ce qu'il est aisé de vé-

rifier. Selon les Septante, on compte trois
mille deux cent cinquante-huit ans, depuis
le déluge jusqu'à Jésus-Christ. Or, les Chinois, remontant jusqu'à la source de leur
empire, conduisent avec certitude leur
chronologie jusqu'au temps de l'empereur
Yao, qui régnait deux mille trois cent cin-
quante-sept ans avant Jésus-Christ. Neuf
cents ans se sont écoulés depuis le déluge
jusqu'à Yao. Si les descendans de Noé
étaient entrés dans la Chine deux ou trois
cents ans après le déluge, ne resterait-il
pas encore un temps plus que suffisant pour
les règnes de Fo-Hi et des six empereurs
qui ont précédé Yao (1) ?

Comme l'éclipse arrivée sous le règne
de Tchong-Kang, quatrième empereur
de la première dynastie, 2157 ans avant
Jésus-Christ, et vérifiée par les missionnaires astronomes, est une des preuves
les plus certaines de l'antiquité de la chronologie chinoise, il est naturel de demander pourquoi, avant le règne de ce prince,

_____

(1) Il faut observer ici que rien n'est plus incertain que
la chronologie depuis le déluge jusqu'à Jésus-Christ.

il n'est fait mention d'aucune éclipse dans
l'histoire de la Chine. On a consulté à ce sujet les savans Chinois , et ils ont répondu
que dans ces premiers temps la coutume n'é-
tait pas encore introduite de tenir registre
des éclipses, et qu'alors on n'avait d'autre
but que d'instruire la postérité, en marquant
les choses essentielles au gouvernement et
au peuple , comme les lois , les progrès
des arts et des sciences , les révolutions
et leurs causes , les grands exemples de
vertu , les avis donnés aux empereurs
et les actions de ces princes , bonnes ou
mauvaises , afin que leurs successeurs
apprissent par ce moyen ce qu'ils devaient
faire et ce qu'ils devaient éviter.

Les empereurs Chinois , dont la chronologie est exacte , sont compris dans
vingt-deux dynasties qui ont occupé successivement le trône, et dont chacune a
un nom particulier. Leur nombre , y compris l'empereur actuellement régnant , est
de deux cent trente-deux. Si l'on y ajoute
Fo-Hi et ses six successeurs, dont le règne
n'a qu'une durée incertaine , et ceux
d'Yao et de Chun , voilà une suite de

deux cent quarante - un monarques , à
compter depuis quelques siècles après le
déluge. Que de peuples , que de princes
cette monarchie a vus passer et verra
sans doute encore passer devant elle ,
avant de tomber dans l'abîme qui a en-
glouti tant de puissans empires et tant
de rois !

CHAPITRE IX.

Précis sur les premiers Monarques de la Chine jusqu'à Yao.

Fo-Hi , que les Chinois regardent comme
le fondateur de leur empire , naquit dans la
province de *Chen-Si.* Un mérite supérieur
fut cause que ses compatriotes le choisirent
pour les gouverner. Dans ces commencemens , les hommes étaient peu différens des
bêtes , quant à la manière de vivre. Ils ne
cherchaient à manger que lorsque la faim
les pressait ; ils avalaient le poil des animaux , buvaient leur sang, et se couvraient

de leur peau. Fo-Hi leur apprit à fabriquer
des filets pour la pêche , et des lacets pour
prendre les oiseaux ; il leur enseigna aussi
à élever des animaux domestiques , soit
pour leur nourriture , soit pour les sacrifices. Comme les deux sexes n'étaient point
distingués par leurs vêtemens , et que confondus ils vivaient sans pudeur et sans
nulle connaissance des lois du mariage , il
ordonna que les femmes s'habillassent autrement que les hommes ; il établit des lois
pour la société conjugale. Pour adoucir le naturel farouche de ses sujets, ce grand homme
inventa la musique , et un instrument
nommé *kin*, au-dessus duquel il donna une
forme convexe pour représenter le ciel , et
au-dessous une forme plate pour figurer
la terre.

Voyant que les cordes nouées, dont on se
servait pour apprendre à lire aux enfans
étaient peu propres à la publication de ses
lois , et qu'il ne pouvait s'en servir pour
transmettre à la postérité les instructions
qu'il lui destinait , il imagina trois lignes
qui , combinées de différentes manières , en
forment soixante-quatre , et les traça comme

utant de symboles pour exprimer ce qu'il voulait. Pour faire exécuter ses lois, il établit un premier ministre et quatre mandarins; l'un au sud, l'autre au midi, et les deux autres à l'orient et à l'occident. On ignore la durée de son règne, ainsi que de celui de ses six successeurs jusqu'à *Yao*.

Chin-Nong, qui lui succéda immédiatement, inventa les instrumens du labourage, et apprit aux peuples à semer cinq sortes de grains, et à tirer du sel de l'eau de la mer. Habile dans la connaissance des plantes médicinales, il composa des livres sur l'art de guérir les maladies. Ce fut aussi ce prince qui donna l'idée du commerce, en établissant des marchés publics.

A *Chin-Nong* succéda *Hoang-Ti*. Ce prince coupa et aplanit des montagnes, fit construire de grands chemins pour faciliter le commerce, étendit les bornes de son empire, fit fabriquer une sphère et un calendrier, régla les nombres et les mesures, perfectionna la musique, inventa le bonnet, les habits et autres ornemens impériaux, trouva le secret de la teinture, fit construire des ponts sur les rivières, des maisons pour rèmplacer les cabanes, des barques pour naviguer, et fit fabriquer de la monnaie. Par ses ordres, l'impératrice, sa femme, enseigna à ses peuples la manière d'élever des vers à soie, de filer leurs cocons, et d'en fabriquer des étoffes.

Ce prince infatigable fit mesurer ses vastes états, et les divisa en arrondissemens et en principautés de dix lieues de longueur et d'autant de largeur, dans lesquelles il bâtit des villes. Cependant, après avoir appris à ses sujets à se construire des maisons, et s'être bâti un palais à lui-même, il ne cessa point de séjourner çà et là, et de vivre dans un camp avec ses soldats. Il mourut sur la pente de la montagne *King-Chan*, et fut enterré dans la province Chantong. Il eut vingt-cinq enfans, dont l'un, nommé *Chao-Hao*, lui succéda.

Chao-Hao se concilia le respect et l'amour de sa nation par la beauté de son caractère et par sa grande douceur. Il gouverna ses états avec beaucoup d'équité, et se montra le parfait imitateur de Fo-Hi. Il réforma les mesures des grains pour n'y laisser aucun accès à la fraude : il fit fabriquer un tam-

bour pour marquer les heures de la nuit ;
il rendit libre le cours de plusieurs rivières,
en les débarrassant des obstacles qui en
gênaient la navigation ; il aplanit les chemins sur les montagnes, et inventa une
nouvelle musique. Cet empereur mourut
dans un âge très-avancé, laissant cinq fils,
dont quatre avaient beaucoup de mérite.
Mais comme son neveu, *Tchuen-Hio*, petit-
fils de *Hoang-Ti*, possédait de plus grandes
qualités, ce fut lui qu'il désigna pour son
successeur.

Tchuen-Hio, pour dédommager ses cou-
sins de la préférence que leur père lui
avait donnée sur eux, leur confia des
emplois considérables, et conformes à leurs
talens. L'un fut nommé intendant-général
des mines ; un autre, grand-maître des
eaux et forêts ; ainsi des autres. Lorsqu'il
se fut assuré de leur fidélité et de leur
bonne administration, il les éleva à des
dignités beaucoup plus honorables et plus
assorties à leur naissance.

Comme dans chaque famille le chef offrait des sacrifices au premier être, et
que cette usurpation du sacerdoce entraî-

naît beaucoup d'abus, il réunit cette noble prérogative à la couronne, et ordonna qu'à l'avenir l'empereur seul aurait le droit d'offrir des sacrifices au Dieu du ciel. Cette coutume s'observe encore aujourd'hui à la Chine. Comme ce monarque était très-versé dans l'astronomie, il changea la manière d'observer et de calculer les mouvemens des corps célestes; et comme ces mouvemens ne paraissent que dans un lointain fort éloigné, il inventa une machine propre à en donner une idée plus distincte que celle qu'on en avait auparavant. Il réforma aussi le calendrier, et ordonna que l'année commencerait le jour même où le soleil commence à parcourir le milieu du Verseau, parce que c'est à cette époque que la terre se couvre de plantes et de fleurs, que les arbres reprennent leur feuillage, et que tout semble renaître dans la nature.

Ce prince mourut dans une extrême vieillesse. Il eut pour successeur *Kao-Sin,* petit-fils de son prédécesseur. Ses descendans, qui furent très-nombreux, eurent dans la suite, pour partage, de petits états

avec le titre de rois ou de princes tributaires.

Kao-Sin se montra digne du monarque
qu'il avait remplacé; il voyait tout, examinait tout par lui-même, et nul détail
n'échappait à son extrême vigilance. Sans
rien perdre de sa dignité, il se faisait
aimer par ses manières affables et popu-
laires; plein de tendresse pour ses peuples,
il répandait partout ses bienfaits. Attentif
sur lui-même, il ne donnait accès dans
son cœur à aucun vice; pénétré de la grandeur du Seigneur du ciel, il ne négligeait
rien de ce qui concernait son culte. Sa physionomie imposante et auguste, sa taille
majestueuse, et surtout l'éminence de sa
vertu, le rendaient l'objet d'une vénération universelle, et lui attiraient l'obéissance d'une infinité de nations.

Comme la vertu est le plus sûr garant de
la soumission des peuples, il établit des
maîtres pour leur enseigner la morale.
D'autres avaient inventé la musique instrumentale, pour lui il inventa la musique vocale et fit composer des chansons,
dont l'effet était de porter les cœurs à la

piété et à la vertu. Ses prédécesseurs n'a-
vaient épousé qu'une femme ; il donna
l'exemple de la polygamie en en prenant
quatre, dont il eut quatre fils. Comme le
dernier donnait de plus grandes espérances
que ses aînés, il le choisit pour lui succéder.

Ce nouvel empereur, qui se nommait
Tchi, ne répondit pas, par sa conduite, au choix de son père. A peine fut-
il assis sur le trône, qu'il ne vit dans la
suprême puissance qu'un moyen de se livrer à ses passions et aux voluptés avec de
jeunes courtisans dont les mœurs étaient
semblables aux siennes. Aussi les princes
tributaires, qui jusqu'alors avaient obéi
sans peine à de vertueux empereurs, ne
purent supporter l'excès de ses dérègle-
mens. Après lui avoir adressé plusieurs
fois d'inutiles remontrances sur sa mauvaise conduite, ils le firent descendre du
trône, l'envoyèrent en exil, et mirent
à sa place son frère *Yao*.

La durée de ces premiers règnes est très-
incertaine ; mais elle ne peut guère avoir
été moindre de deux cent cinquante ans.
Depuis l'empereur *Yao* jusqu'à Jésus-

Christ, la chronologie chinoise est parfaitement bien conduite; car ses auteurs, comme
nous l'avons dit, ont tout marqué par année
et dans un grand détail, jusqu'aux événemens qui ont troublé l'empire; jusqu'aux
interrègnes, avec le temps de leur durée.

Selon les annales chinoises, l'empereur
Yao commença son règne, qui fut très-
long, vers l'an 2357 avant l'ère chrétienne.
Ce fut lui qui institua les divers tribunaux
de l'empire qui subsistent encore aujour-
d'hui. Quand il fut las de régner, il consulta
ses ministres sur son dessein de remettre à
un autre le soin du gouvernement. Ils
lui répondirent qu'il ne pouvait mieux
faire que de le confier à l'aîné de ses
enfans, prince sage, d'un beau naturel,
et qui donnait de grandes espérances.
Yao, qui connaissait mieux que ses ministres le caractère dissimulé et artifi-
cieux de son fils, prit leur conseil pour un
effet de leur complaisance, et remit à un
autre jour la décision de cette affaire.

Quelque temps après, et le jour même où
expirait la soixante-dixième année de son
règne, il fit appeler l'un de ses plus fidèles

ministres et lui déclara qu'il avait jeté les
yeux sur lui pour être son successeur. Ce
ministre, qui, malgré ses grandes qualités,
se jugeait indigne de l'honneur que son
prince voulait lui faire, lui nomma un jeune
laboureur qui n'était pas encore marié, et
dont il lui fit un magnifique éloge. *Yao*,
également touché et de la modestie de son
ministre qui refusait le trône, et de l'éloge
qu'il lui faisait de ce jeune laboureur, lui
ordonna de le faire venir.

Lorsque ce villageois fut venu à la cour,
l'empereur l'obligea d'y demeurer. Il ob-
serva ses démarches pendant plusieurs années et de la manière dont il s'acquittait
des emplois qu'il lui avait confiés. Pour le
récompenser, il lui donna d'abord sa seconde fille en mariage. Enfin se sentant ac-
cablé de vieillesse, après un règne de cent
ans, il l'appela et lui dit : « Après vous avoir
long-temps éprouvé, j'ai lieu de croire que
vous gouvernerez mes peuples avec sagesse. Je vous remets toute mon autorité.
Soyez plutôt leur père que leur maître, et
souvenez-vous que je vous fais empereur,
non pour en faire vos esclaves, mais pour

les protéger, les aimer et les secourir dans leurs besoins. C'est le choix d'un empereur tiré de la campagne, qui a inspiré aux Chinois un grand respect pour l'agriculture.

Chun, successeur d'*Yao*, ne démentit point la haute idée que ce prince avait eue de lui, en lui remettant l'autorité souveraine. On loua sa patience, son respect et sa soumission envers ses parens. Suivant les exemples de son prédécesseur, il acheva de régler les cérémonies qu'on devait observer dans les sacrifices; il partagea l'empire en plusieurs provinces; fixa les impôts, et publia un grand nombre d'ordonnances toutes propres à faire le bonheur de ses sujets, en les portant à la vertu. Ce fut pendant son règne qu'*Yu*, son successeur, trouva le moyen de faire écouler dans la mer les eaux qui couvraient les campagnes. Ce fut à l'imitation d'*Yao*, qu'au lieu de désigner pour lui succéder son fils qu'il regardait comme incapable de régner, il laissa le gouvernement de l'empire à ce même *Yu* qui lui avait rendu, comme ministre, d'importans services par ses conseils et son activité dans le gouvernement de l'état.

CHAPITRE X.

Précis du règne des plus célèbres empe-
reurs Chinois , à commencer par Yu ,
et anecdotes à leur sujet.

Yu, premier empereur de la première dynastie, qui régnait 2217 ans avant Jésus-
Christ , était fort aimé de sa nation par son
génie et ses vertus. C'était lui faire sa cour
que de lui donner des avis sur sa conduite.
Il se rendait accessible à toute heure. Il fit
placer aux portes de son palais une cloche,
un tambour et trois tables , l'une de fer,
l'autre de pierre, et l'autre de plomb, et y
fit attacher une ordonnance par laquelle il
était enjoint à tous ceux qui avaient à lui
parler, de frapper sur les instrumens ou sur
les tables , suivant la nature des affaires
qu'on avait à lui communiquer. On rapporte qu'un jour il se leva deux fois de table
au son de la cloche, et qu'un autre jour il

sortit trois fois du bain pour recevoir les plaintes qu'on venait lui faire.

Ce fut sous son règne qu'un nommé *Ytie* inventa le vin chinois. C'est un breuvage qui se fait avec le riz. Le prince n'en eut pas plutôt goûté, qu'il en témoigna du chagrin. Prévoyant les troubles que cette boisson produirait dans l'empire, il en bannit l'inventeur, et défendit, sous de grandes peines, qu'on en composât à l'avenir. Cette précaution fut inutile. On conserva le secret d'*Ytie*, et le vin de riz fait encore aujourd'hui les délices des tables chinoises. *Yu* régna dix ans avec beaucoup de sagesse. Yao, Chun et Yu sont les héros de la nation chinoise.

Tching-Tang, chef de la deuxième dynastie.

Ce prince prit possession de l'empire 1776 ans avant l'ère chrétienne. L'empereur *Kié* s'étant rendu excessivement odieux à ses peuples et aux grands par ses vices et sa cruauté, et l'empire étant menacé d'une ruine prochaine, les princes et les ministres prièrent *Tching-Tang* de les délivrer d'un joug si tyrannique. Celui-ci, sollicité continuellement par leurs remontrances, s'y rendit enfin malgré sa répugnance. Il déclara la guerre à *Kié*, le défit entièrement dans un combat, et l'obligea de s'exiler lui-même à *Nanchao*, où il mourut trois ans après.

Le nouvel empereur se distingua par sa piété et par son amour pour les peuples. Ce fut lui qui, après sept années consécutives d'une sécheresse générale qui avait tari jusqu'aux rivières et aux fontaines, et que suivirent la peste et la famine, s'offrit en sacrifice pour son peuple, et pria le ciel de faire cesser la misère publique en tournant sa colère contre lui seul. Après avoir jeûné trois jours et s'être rasé la barbe en signe de douleur, il monta dans une chaise traînée par des chevaux blancs, parce qu'à la Chine c'est cette couleur qui marque le deuil, et suivi de toute sa cour, il se rendit sur une colline. Là, se dépouillant du manteau impérial, et se couvrant d'une peau d'agneau, les pieds et la tête nus, il se regarda comme l'unique cause des calamités qui affligeaient son peuple, et faisant un humble aveu de ses fautes, il éleva ses mains au ciel, le conjura de l'agréer pour victime, et s'offrit à la mort, pourvu que son peuple fût épargné. A peine eut-il achevé sa prière, que le ciel se couvrit de nuages, qu'une pluie générale arrosa toutes les campagnes de l'empire et fut suivie d'une abondante récolte. En mémoire de ce bienfait, il institua une espèce de musique appelée *Tahoé*, mots qui signifient *Grâce signalée obtenue du ciel*.

Les descendans de ce bon prince régnèrent environ six cents ans jusqu'à *Tchéou* qui fit renaître, par sa tyrannie et sa cruauté, le règne infâme de *Kié*. Aussi, quand les Chinois parlent d'un méchant homme, ils disent que c'est un *Kié*, un *Tchéou*, comme nous disons en parlant d'un mauvais prince, c'est un *Caligula*, c'est un *Néron*.

Vouting, vingtième empereur de la seconde dynastie, régnait 1317 ans avant Jésus-Christ. Comme il était encore fort jeune lorsqu'il monta sur le trône, il confia le gouvernement de l'empire à son

premier ministre ; ensuite il s'enferma
pendant trois ans dans une maison conti-
guë au tombeau de son père , pour pleurer sa mort, et conjurer le ciel de lui
donner les vertus propres du haut rang
auquel il l'avait destiné.

Le temps de son deuil étant expiré, il
revint à son palais. Une nuit il vit en
songe un homme que le ciel lui présentait
pour être son premier ministre. Il le con-
sidéra attentivement , et les traits de son
visage lui demeurèrent si fortement em-
preints dans la mémoire, qu'à son réveil
il en fit à ses ministres un portrait très-
fidèle. Ensuite il envoya de tous côtés des
hommes de confiance pour découvrir celui
dont ils avaient l'image devant les yeux.
On le découvrit dans un village, au milieu d'une troupe d'artisans. Il se nommait
Fou-Yue, et gagnait sa vie au métier de
maçon. On le conduisit aussitôt à la cour,
où on lui fit un grand nombre de questions sur la politique, sur les vertus d'un
souverain , sur les devoirs des princes envers leurs sujets , et des sujets envers
leurs princes, sur les différentes charges

L'Empereur lui dit : regarde-moi comme une glace
Un miroir peu polie que tu dois façonner.

de l'empire , etc. Tout le monde fut charmé des réponses nettes, précises, qu'il fit à toutes les questions.

Alors l'empereur , adressant la parole à ce pauvre artisan : « C'est toi, cher » *Fou-Yue* , dit-il, que le ciel a choisi » pour me donner de sages leçons. Je te » regarde comme mon maître ; regarde- » moi comme une glace de miroir peu po- » lie que tu dois façonner , ou comme un » homme faible et chancelant que tu dois » guider , ou comme une terre aride que » tu dois cultiver. Ne me flatte point, ne » m'épargne point sur mes défauts , afin » que par tes instructions et celles des » autres ministres, je puisse acquérir les » vertus de mon aïeul. »

Fou-Yue se prosterna devant l'empe-reur et entra aussitôt dans l'exercice de sa charge. Ce fut en suivant ses instructions que *Vouting* devint le modèle des bons em-pereurs , et que par sa réputation, qui s'é-tendit jusqu'aux nations les plus éloignées, il les engagea à se soumettre à sa domi-nation. *Vouting* régna cinquante-neuf ans

1. 5*

Discours de l'empereur Cao-Tsong *à son premier ministre.*

« Ne cessez point de m'avertir chaque jour, et de me reprendre très-souvent, afin de m'aider à acquérir la vraie sagesse. Songez que je suis comme un morceau de fer brut ; c'est vous qui devez me façonner et me polir : songez que j'ai à passer un torrent large et dangereux ; c'est vous qui devez me servir de barque et d'aviron : songez que je suis comme une terre sèche et aride ; il faut que vous soyez comme une douce pluie qui la rafraîchisse et la rende féconde. Ouvrez donc votre cœur, et versez dans le mien toutes les richesses qu'il renferme. Ne m'épargnez pas ; car si la médecine n'est un peu forte, le malade ne guérit point. Associez-vous tous ceux qui m'approchent, et réunissez-vous tous pour me corriger, afin que semblable aux anciens rois, et digne héritier des vertus de *Tching-Tang*, je puisse, comme lui, rendre mes peuples heureux. Acquittez-vous fidèlement de cette obligation que je vous impose, et continuez jusqu'à ce que vous m'ayez rendu tel que je désire d'être. »

Tchéou est le vingt-huitième empereur de la seconde dynastie. Il régnait environ 1142 ans avant Jésus-Christ. L'orgueil, le luxe, la débauche et la tyrannie montèrent sur le trône avec ce prince. L'impératrice, nommée *Takia*, était la plus belle femme de l'empire, et en même temps la plus méchante. Tout devait céder à son humeur impérieuse et se régler suivant ses caprices. Elle persuada à son mari qu'il ne serait le maître absolu de ses sujets qu'en répandant la terreur dans tous les esprits. Pour cela elle inventa un genre de supplice dont le seul appareil faisait horreur. On faisait rougir à un grand feu une colonne d'airain qu'elle avait fait élever ; on forçait ensuite le coupable à l'embrasser jusqu'à ce que sa chair fût consumée jusqu'aux os. C'était pour cette cruelle princesse un agréable spectacle de voir souffrir ainsi les malheureuses

victimes de sa fureur, et d'entendre les
cris effroyables que la douleur leur arra-
chait.

On dit que c'est ce monstre de cruauté
qui fit regarder la petitesse des pieds,
comme un des plus grands agrémens de
son sexe, parce que les ayant elle-même
fort petits, elle se les serrait encore avec
des bandelettes, comme si elle eût voulu
se procurer, par cette difformité, un agrément de plus. Ce fut là une sorte de beauté
que toutes les femmes voulurent se procurer à son exemple. Cette ridicule façon
de penser et cet usage bizarre se sont tellement perpétués, qu'une femme chinoise
se ferait mépriser, si elle avait les pieds
de grandeur naturelle.

On prétend aussi que le grand nombre
de lumières dont elle éclairait le palais,
toutes les nuits, afin de suppléer à l'absence du soleil, a donné lieu à la fête des
lanternes, qui se célèbre tous les ans, au
mois de mars.

Tchéou s'étant fait détester de tous ses
sujets, un de ses ministres, nommé *Vou-*

Vang, se révolta contre lui, et après l'avoir vaincu, le força de se brûler dans son palais.

Kong-Vang, troisième empereur de la troisième dynastie, régnait mille soixante-dix-sept ans avant Jésus-Christ. Sa principale attention fut de faire fleurir l'agriculture. Il avait coutume de s'asseoir sur le tronc d'un vieux saule pour juger les différends qui s'élevaient entre les laboureurs. Cet arbre, que, par respect, on n'osa jamais couper après la mort de ce prince, devint célèbre dans la poésie chinoise.

La bonne foi et la fidélité des promesses étaient si rigoureusement observées sous son règne, qu'on permettait aux prisonniers de sortir tous les matins pour aller labourer les terres, et que le soir ils ne manquaient pas de se rendre à la prison. Ce prince régna vingt-six ans.

Chi-Hoang-Ti est le second empereur de la quatrième dynastie. Il régnait vers l'an deux cent trente-sept avant Jésus-Christ. Ce prince recula par ses conquêtes les limites de son empire, et ce fut lui qui, par des colonies, peupla les îles du Japon.

Après avoir battu et repoussé les Tartares bien loin des frontières septentrionales de l'empire, il fit construire une muraille depuis la mer jusqu'aux extrémités de la province de *Chen-Si*. On enfonça d'abord dans la mer plusieurs vaisseaux chargés de fer, pour en assurer les fondemens. Le tiers des habitans de l'empire, qui avaient un certain âge, fut occupé à ce travail. Les pierres devaient être si bien liées par le ciment, qu'il en eût coûté la vie à l'architecte, si l'on eût pu faire entrer de force un clou dans les jointures. On pratiqua de larges voûtes pour le passage des rivières; on bâtit le long de la muraille de grosses tours d'espace en espace; et l'on éleva des portes dans les endroits les plus commodes, soit pour faciliter le commerce, soit pour donner passage aux troupes, quand il serait nécessaire de les envoyer en Tartarie. Cette muraille, qui subsiste encore presque partout, était si épaisse que sept à huit cavaliers pouvaient marcher de front sur son sommet.

Un si prodigieux ouvrage était bien capable d'immortaliser *Chi-Hoang-Ti*; mais

comme il prétendait que sa gloire avait
effacé celle de tous ses prédécesseurs, et
voulant que son nom seul parvînt à la postérité, il ordonna de brûler tous les livres,
à l'exception de ceux qui ne traitaient que
de l'architecture, de l'agriculture et de
la médecine. Cet édit fut exécuté par tous
les gouvernemens avec la dernière sévérité. Ils firent les plus exactes perquisitions.
Tous les lettrés qui avaient osé conserver
les livres appelés *King*, et ceux de Confucius furent punis de mort ; mais on ne
laissa pas d'en sauver un certain nombre
d'exemplaires, qu'on cacha dans des trous
de murailles. Cet édit et les rigueurs qu'on
exerça pour le faire exécuter, rendirent le
nom et la mémoire de l'empereur exécra-
bles à la postérité. La perte de ces anciens
monumens excite encore aujourd'hui les
regrets des Chinois. *Chi-Hoang-Ti* régna
trente-sept ans.

Ven-Ti, troisième empereur de la cinquième dynastie, régnait cent soixante-dix-
sept ans avant Jésus-Christ. Dans les sacrifices qu'il offrait, selon sa coutume, au
Seigneur du ciel, ses premiers vœux avaient

d'abord pour objet le bonheur de ses peuples, ensuite la conservation de sa personne. Il porta l'aversion pour le luxe jusqu'à ne pas permettre qu'on fît le moindre
changement dans ses meubles, ni qu'on le
servît dans des plats d'or ou d'argent,
et défendit à l'impératrice de porter des
étoffes de différentes couleurs, et enrichies de broderies.

Les guerres précédentes avaient désolé
les campagnes et ruiné l'agriculture ; il
cultiva la terre de ses propres mains pour
ennoblir la pénible profession des laboureurs. Il fit planter des mûriers dans les
jardins de son palais ; y fit élever des vers
à soie pour engager les grands à suivre
son exemple ; et obligea l'impératrice et
ses femmes à travailler des ouvrages à
l'aiguille pour animer les dames chinoises
à se faire une semblable occupation.

Il devint le protecteur des sciences, et
l'on eût toute liberté de reproduire les
livres qui avaient été sauvés de l'incendie.
Jusqu'alors on n'écrivait que sur des feuilles
ou des écorces avec un poinçon de fer.
C'est sous ce règne qu'on trouva le secret

de faire du papier en broyant le bambou dans des moulins destinés à cet usage, et qu'on inventa les petits pinceaux qui se fabriquent avec du poil, et l'encre qui se détrempe avec un peu d'eau sur le marbre. *Ven-Ti* régna vingt-trois ans.

Vou-Ti, cinquième empereur de la cinquième dynastie, régnait cent dit-sept ans avant Jésus-Christ. C'est un des plus grands monarques qui aient gouverné la Chine. A peine eut-il rendu les derniers devoirs à son père King-Ti, qu'il fit venir à sa cour les plus grands philosophes de l'empire, pour les consulter sur le gouvernement de son état. Dans le dessein qu'il avait de faire fleurir les sciences, il chargea les savans de mettre en ordre ces anciens et précieux livres, échappés à l'incendie général, et les fit enseigner publiquement.

Ces livres s'écrivaient à la main, car l'imprimerie ne fut inventée à la Chine que cinquante ans avant l'ère chrétienne.

Les belles qualités de ce prince furent ternies par la faiblesse qu'il eut d'écouter des imposteurs qui lui proposaient un élixir capable de lui donner l'immortalité. Un

jour, que l'un de ces charlatans le conju-
rait d'en faire l'expérience, un ministre,
après s'être inutilement efforcé de désa-
buser le monarque, prit brusquement la
coupe et but la liqueur. L'empereur, dé-
sespéré que son ministre lui eût dérobé
l'immortalité, prit la résolution de le punir
du dernier supplice. Le ministre, sans s'ef-
frayer, prenant la parole : « Prince, dit-il,
» si ce breuvage m'a rendu immortel,
» pouvez-vous m'ôter la vie? et si vous
» avez le pouvoir de m'ôter la vie, le fri-
» vole larcin que j'ai fait mérite-t-il la
» mort? » L'empereur se radoucit, loua
la sagesse de son ministre; mais il ne fut
pas pour cela désabusé.

Quelque temps après un magicien parut
à la cour, et excita la curiosité de l'empereur par ses prestiges. Il prit l'engagement
de lui faire voir aussi souvent qu'il voudrait une de ses femmes, qui était morte,
et que ce prince avait tendrement aimée.
Elle demeurait, disait-il, dans la lune,
où elle était pleine de vie pour avoir bu
de l'élixir d'immortalité. Il fit bâtir une
tour fort élevée où il assurait que, par le

ouvoir qu'il avait sur les esprits, il la ferait descendre autant de fois qu'on le voudrait. . . . .

L'empereur assista aux cérémonies qu'employa le magicien ; mais le charme n'eut aucun effet. Cet imposteur, qui craignait d'être puni, eut recours à un artifice. Il écrivit sur une étoffe de soie les raisons qui retenaient la femme dans la lune, et la fit avaler à une vache. Montrant ensuite cet animal à l'empereur : « Je ne sais, » dit-il, quel crime nous avons commis, » mais je vois dans le ventre de cette bête » des choses qui m'étonnent. Prince, com- » mandez qu'on l'ouvre en votre pré- » sence. » La vache fut ouverte, et l'on trouva le morceau de soie dans ses entrailles. Après qu'il eut été bien examiné, on s'aperçut que l'écriture était celle du magicien. Obligé d'en convenir, il fut condamné à mort.

CHAPITRE XI.

Suite des principaux événemens du règne de quelques empereurs chinois.

————

QUANG-VOU-TI, quatorzième empereur de la cinquième dynastie, régnait du temps de Jésus-Christ. Il eut d'abord une éducation grossière parmi les gens de la campagne, dont il partageait les travaux et les besoins; ce qui le rendit très-sensible aux misères du peuple. Il était doux, affable, libéral et très-affectionné aux gens de lettres. Il les fit chercher de tous côtés, et après les avoir attirés à sa cour, il les chargea de fonctions honorables. Il affecta toujours une grande modestie dans ses habits, à sa table, et dans l'ameublement de son palais. Il y joignait un air de popularité qui lui gagnait tous les cœurs.

Lorsqu'il fit la visite de l'empire, et qu'il se trouva dans sa terre natale, il manda auprès de sa personne plusieurs

laboureurs, ses compatriotes, et les admit
à sa table. S'étant informé si un de ses
anciens amis, nommé *Nien - Quang*, qui
gagnait sa vie à pêcher, vivait encore, il
l'envoya chercher, le reçut avec honneur,
et passa toute la nuit à s'entretenir avec
lui, et à lui rappeler le souvenir de leurs
aventures passées.

Kāo-Tsou-Vou-Ti, premier empereur
de la dixième dynastie, régnait vers l'an
cinq cent quarante-quatre de Jésus-Christ.
Actif et vigilant, il voulait que toutes les
affaires passassent par ses mains, et il les
expédiait avec une promptitude surprenante. Il s'était rendu habile dans presque
toutes les sciences, surtout dans l'art militaire. Il était dur à lui-même, et il porta
l'économie, à ce qu'on assure, jusqu'à se
servir pendant trois ans du même bonnet.

L'attachement qu'il eut par la suite pour
les rêveries des bonzes, alla si loin, qu'il
négligea entièrement les affaires de l'état,
et que même il embrassa leur profession,
et alla habiter avec eux. Les grands de
l'empire allèrent le chercher dans sa solitude, et le ramenèrent malgré lui dans son

palais ; mais ils ne gagnèrent rien sur son esprit, et il continua de vivre à la manière des bonzes. Selon les principes de la métempsycose enseignée par ces moines, il n'osait pas condamner les criminels à la mort. Cette impunité enhardit la licence, et produisit une infinité de meurtres et de brigandages.

Héou-King, qui était roi de Honan, et vassal de l'empire, leva tout à coup l'étendard de la révolte, et se rendit maître de Nanking. L'empereur, ayant été fait prisonnier, parut devant son vainqueur avec une contenance ferme et assurée, et sans donner le moindre signe d'émotion. Le rebelle, quoique naturellement féroce, eut peine à soutenir les regards de son souverain, et son trouble fut tel que la sueur lui coula du visage : *Je n'aurais pas cru,* s'écria-t-il, *qu'il fût si difficile de résister à une puissance que Dieu a établie.* Il n'osa point tremper ses mains dans le sang de ce vieillard ; mais il se contenta de le faire mourir peu à peu, en lui retranchant chaque jour quelque chose de ses alimens.

Beau trait de piété filiale de la part d'un jeune homme.

On donna dans ce temps-là de grands éloges à la piété filiale d'un jeune homme de quinze ans, nommé *Kié-Fuen*. Son père avait été condamné à avoir la tête tranchée pour plusieurs crimes qu'il avait commis durant sa magistrature ; il n'en fut pas plutôt informé qu'il alla se jeter aux pieds du prince, et le conjura en pleurant de lui permettre de mourir à la place de son père. On questionna beaucoup ce jeune homme pour savoir si cette démarche était l'effet de son propre mouvement. Lorsqu'on se fut assuré de la sincérité de ses sentimens, l'empereur accorda la grâce à son père, et accorda à ce héros de l'amour filial un titre d'honneur. *Kié-Fuen* refusa constamment cette distinction, par la raison que ce titre, dont il serait honoré, rappellerait sans cesse le souvenir de la faute de son père. Où trouve-t-on plus de grandeur d'âme ? Dans le dévouement ou dans le refus ?

Tai-Tsong, troisième empereur de la

treizième dynastie , régnait vers l'an 630 de l'ère chrétienne. Les Chinois le regardent comme un des plus grands princes qui les aient gouvernés. Sa modération et sa frugalité étaient si grandes, qu'il ne permit jamais qu'on servît à sa table plus de huit sortes de mets, et qu'il chassa presque toutes les femmes de son palais. Sous son règne la religion chrétienne pénétra dans son empire. On trouve dans la bibliothèque du roi un ancien manuscrit arabe , qui apprend que dans ce temps-là un patriarche catholique des Indes envoya à la Chine des missionnaires pour y prêcher l'évangile , et qu'ils y furent introduits par le premier ministre de l'empire.

Tai-Tsong fit venir de tous côtés les meilleurs livres , et prit soin d'établir dans son palais une académie pour les lettres. On y comptait huit mille élèves , parmi lesquels se trouvaient plusieurs enfans de princes étrangers. Il leur donna d'habiles maîtres, dont dix-huit présidaient aux études.

Ce prince avait défendu aux magistrats, sous peine de la vie, de recevoir des pré-

sens. Pour s'assurer de l'exécution de ses
ordres, il fit tenter un mandarin par un
homme qu'il chargea de lui offrir un présent. Ce mandarin le reçut, et fut condamné
à mort.

Après avoir entendu cette sentence, le *colao*, ou premier ministre, dit à l'empereur :
« Grand prince, votre arrêt est juste, et
ce mandarin mérite la mort ; mais, vous
qui lui avez tendu un piége pour le faire
tomber dans la faute qu'il a commise,
êtes-vous tout à fait innocent, et ne parti-
cipez-vous pas à son crime ? » Cette remontrance eut son effet, et l'empereur par-
donna au coupable.

L'année suivante, un des plus grands
mandarins de guerre reçut un habit de
soie, dont on lui faisait présent. L'empereur, qui en fut averti, lui envoya aussitôt
un grand nombre d'étoffes de soie. Les
grands de la cour, témoins de cette largesse,
ne purent s'empêcher de s'écrier que le mandarin méritait le châtiment porté par la loi,
et non une récompense. *La confusion dont
il sera couvert*, répondit l'empereur, *sera
pour lui une peine plus sensible que le sup-*

*plice le plus rigoureux. Ces étoffes que je
lui envoie, loin de l'honorer, lui reproche-
ront continuellement sa faute.*

Il avait coutume de dire : «Un empe-
» reur est semblable à un architecte ; quand
» un édifice est bien construit, et appuyé
» sur de solides fondemens, si l'architecte
» s'avise d'y faire sans cesse des change-
» mens, il l'exposera à une ruine certaine :
» il en est de même de l'empire, quand il
» est une fois bien établi, et gouverné par
» de sages lois ; il faut bien se donner de
» garde d'y introduire aucune nouveauté. »

La septième année de son règne, ce
grand prince visita en personne les prisons
publiques. Il s'y trouvait trois cent quatre-
vingt-dix prisonniers, qui tous méritaient
la mort. Il leur en fit ouvrir les portes, en
les faisant promettre d'y revenir après la
récolte. Tous, sans qu'un seul y manquât,
tinrent parole au temps marqué. L'empereur fut tellement surpris de leur bonne foi,
et la joie qu'il en eut fut si grande, qu'il
leur accorda à tous la vie et la liberté.

On aurait peine à s'imaginer avec quelle
attention il veillait à l'éducation de ses

enfans. Tout ce qui se présentait à ses yeux
servait de matière à ses instructions. Si ,
par exemple , il mangeait du riz , il leur
faisait sentir combien cette graine avait
coûté de fatigues et de sueurs aux pauvres
laboureurs. Un jour qu'il se promenait avec
eux sur l'eau : *Vous le voyez , mes enfans ,*
leur dit-il , c'est l'eau qui porte cette bar-
que , et qui peut en même temps la sub-
merger ; songez que le peuple ressemble
à cette eau , et l'empereur à cette barque.

Vou-Tsong , quinzième empereur de la
treizième dynastie , régnait vers l'an 840
de Jésus-Christ. Il avait les inclinations
guerrières , et ne craignait ni fatigues ni
périls. Il avait surtout un discernement
exquis qui l'empêchait de se tromper dans
le choix de ses ministres. C'est lui qui établit ou qui renouvela une loi qui s'observe
encore aujourd'hui au sujet des mandarins
de la capitale , dont dépendent ceux des
provinces. Cette loi porte que tous les cinq
ou sept ans on examinera sévèrement la
conduite que ces dignitaires auront tenue
pendant la durée de leurs fonctions. Aussi
est-ce un usage qui se pratique constam-

ment , que chacun de ces mandarins fasse
par écrit un aveu sincère et détaillé de
toutes les fautes dans lesquelles il est tombé,
et en demande pardon à l'empereur. Si dans
cet aveu ils s'excusent , ou s'ils tâchent de
déguiser leurs fautes et d'en affaiblir la
gravité , ils n'ont nulle grâce à attendre,
et sont punis de la perte de leur emploi.

Ming-Tsong , deuxième empereur de
la quinzième dynastie , vivait vers l'an 925
de Jésus-Christ. Les écrivains chinois font
l'éloge de sa libéralité , de sa modération,
de son amour pour la paix , et de sa tendre
affection pour ses peuples. Quoiqu'il n'eût
aucune teinture des lettres , il donnait aux
savans de fréquentes preuves de son estime.
C'est sous son règne que l'imprimerie fut
inventée.

Animé d'une piété profonde , il brûlait
tous les soirs des parfums en l'honneur du
maître du ciel , et implorait son secours en
ces termes : « Je suis né barbare , et dans
» un pays de barbares. Cependant, au mi-
» lieu des troubles dont cet empire était
» agité, on a jeté les yeux sur moi pour l
» gouverner. Je ne souhaite qu'une chose

» c'est que la céleste majesté daigne veiller
» sur ma conduite, et qu'elle m'envoie des
» hommes sages et expérimentés, dont les
» conseils puissent m'aider à ne faire aucune
» faute dans le gouvernement de cet état. »

Parmi les grands hommes que ce prince
avait à sa cour, et dont il se faisait un devoir
de suivre les conseils, les historiens chinois
louent beaucoup un de ses ministres, nommé
Fong-Tao, personnage très-éclairé et très-
intègre. Il disait souvent qu'un état devait
être gouverné de la même manière qu'un
cheval. « J'ai souvent, disait-il, voyagé
» dans les montagnes par des chemins rudes
» et scabreux : il ne m'y est jamais arrivé
» d'accident par l'attention que j'avais de
» tenir la bride haute ; mais lorsque me trou-
» vant dans de belles plaines, bien unies, je
» lâchais la bride à mon cheval, j'étais
» souvent exposé à tomber avec danger
» de me blesser. Il en est de même du gou-
» vernement d'un état. C'est lorsqu'il est
» le plus florissant, que le prince doit re-
» doubler de vigilance et d'attention. »

Tai-Tsou, premier empereur de la dix-
neuvième dynastie, régnait vers l'an 960

de Jésus - Christ. Toutes les qualités qui
font les bons princes, montèrent avec lui
sur le trône. Il avait un esprit solide et
appliqué aux affaires. Il était sage, prudent,
libéral, modeste, tempérant, et naturellement porté à la clémence.

Il ordonna que les quatre portes de son
palais, qui regardaient les quatre parties
du monde, fussent toujours ouvertes, afin
que sa maison fût semblable à son cœur qui
était ouvert à tous ses sujets.

Dans le dessein de bannir le luxe de son
empire, il commença par le proscrire de son
palais. Il ne porta que des habits simples et
modestes, et défendit à ses filles l'usage des
perles et des pierreries.

Dans un hiver rigoureux, ses troupes
faisant la guerre aux Tartares du nord, il
se dépouilla de son habit doublé de fourrures, et l'envoya au général de son armée,
en lui marquant qu'il aurait voulu pouvoir
en envoyer un semblable à chacun de ses
soldats. On ne saurait imaginer à quel point
ces paroles, rapportées aux troupes, rani-
mèrent leur courage.

Parmi les hommes illustres qui fleurirent

sous son règne, on parle surtout de deux grands personnages qui se distinguèrent, l'un dans la magistrature, l'autre dans les armées. Le premier se nommait *Tchao-Pou*, le second *Kao-Pin*.

Tchao - Pou, qui était du conseil de l'empereur, avait continuellement quelque mémoire à lui présenter, pour l'avertir de ses devoirs ou d'autres affaires, concernant le bien public. Un jour le monarque, fatigué de tant de remontrances, prit son mémoire et le déchira en sa présence. *Tchao-Pou*, sans s'étonner, en ramasse les morceaux, retourne à la maison, les réunit le plus proprement qu'il peut, et le lendemain se présentant à l'empereur dans l'attitude la plus respectueuse, il lui offre ce mémoire. Le prince, loin de prendre de l'humeur contre lui, admira sa fermeté, et pour l'en récompenser, le fit son premier ministre.

Ce même empereur donna, dans une autre occasion, une grande preuve de sa tendresse pour ses peuples. Le général Kao-Pin assiégeait la ville de Nanking dont les habitans s'étaient révoltés. *Tai-Tsou*, pré-

voyant le carnage qui suivrait immédiatement la prise de cette place, feignit d'être
malade. Ses principaux officiers en furent
alarmés. Environnant le lit du prince,
chacun d'eux lui suggérait quelque remède. *Le remède le plus efficace*, répondit-il, *ne dépend que de vous. Jurez que
vous ne verserez pas le sang des citoyens.*
Tous firent ce serment, et l'empereur
parut aussitôt guéri.

Par les sages précautions que prirent les
chefs de l'armée, il ne se commit, après la
prise de Nanking, que quelques meurtres,
effets de la première fureur du soldat.
L'empereur ne put retenir ses larmes, lorsqu'il apprit qu'un petit nombre d'habitans
avaient été tués. *Quelle triste nécessité*,
s'écria-t-il, *que celle de la guerre, qui ne
peut se faire sans qu'il en coûte la vie à
quelques innocens!* Comme la ville avait
été long-temps affamée pendant le siége,
il y envoya, aussitôt après sa reddition, cent
mille muids de riz, pour être distribués aux
habitans. Ce vertueux empereur ne régna
que dix-sept ans.

CHAPITRE XII.

Suite de ce qui est arrivé de plus remar-
quable sous le règne de quelques Empe-
reurs chinois.

CHIN-TSONG, sixième empereur de la dix-
neuvième dynastie, régnait vers l'an 1081
de l'ère chrétienne. Ce fut sous son règne
que parurent les auteurs d'une nouvelle
philosophie, qui entreprirent d'expliquer
les anciens livres. L'empereur les honora
de titres honorifiques pendant leur vie et
après leur mort.

Un de ces philosophes qui commençaient
à professer l'athéisme, voyant que l'empereur, dans un temps de sécheresse, tâchait
d'apaiser la colère céleste par le jeûne et
de fréquentes prières, osa lui dire : « A
» quoi bon vous affliger ainsi, et qu'avez-
» vous à craindre du ciel ? Sachez, prince,
» que tout ce qui arrive est l'effet du ha-

» sard, et que c'est bien inutilement que
» vous vous tourmentez de la sorte. » Un
des colaos les plus distingués ne put soutenir ce langage. « Quelle doctrine osez-
». vous débiter ? » répondit-il d'un ton ferme
à ce prétendu philosophe. « Si un empe-
» reur en venait au point de ne respecter
» ni craindre le ciel, de quels crimes ne
» serait-il pas capable ? »

Ning-Tsong, treizième empereur de la
dix-neuvième dynastie, vivait vers l'an de
Jésus-Christ 1204. Ce prince était d'un
naturel doux et modéré ; mais il avait un
esprit si borné, que ses courtisans le gou-
vernaient à leur fantaisie, et ne cessaient
d'abuser de sa confiance. Il porta un édit,
par lequel il était défendu aux particuliers
de composer les annales de l'empire, et
encore plus de les imprimer, sans y être
autorisés par une permission expresse.

Chi-Tsou, premier empereur tartare de
la vingtième dynastie, régnait vers l'an
1290 de l'ère chrétienne. La nation chinoise qui, depuis tant de siècles, avait été
gouvernée par ses princes naturels, se vit
pour la première fois soumise à la puissance

d'un étranger. A son avènement à la couronne, Chi-Tsou ne fit aucun changement dans le gouvernement de l'empire. Il employa les mêmes ministres; conserva les mêmes lois et les mêmes usages; se conforma tellement au génie de ses nouveaux sujets, et sut si bien les gagner par la franchise de sa conduite, par son équité, par la protection qu'il accorda aux lettrés, et par son amour pour les peuples, qu'encore aujourd'hui, lorsque les Chinois parlent de la manière dont il gouverna l'empire, ils l'appellent le *sage gouvernement*.

Le nouvel empereur fit publier qu'il maintenait dans leurs emplois et dans leurs dignités, tous ceux qui étaient en place sous le règne précédent. Il y en eut plusieurs qui refusèrent cette faveur, et préférèrent une mort volontaire à une honorable servitude.

La troisième année de son règne, Chi-Tsou fit brûler tous les livres de la secte de Tao, laquelle prétendait posséder un breuvage d'immortalité; il ordonna aussi qu'il n'y aurait qu'un seul calendrier pour tout l'empire; qu'il serait composé à la cour,

et que chaque année on publierait la défense à tout particulier de travailler à cet
ouvrage, sous peine de la vie.

Des Mahométans ayant fait offrir à ce
prince une pierre précieuse d'un très-grand
prix, il défendit de l'acheter, en disant
que l'argent qu'elle coûterait serait bien
plus utilement employé à soulager la misère des pauvres.

Ayant appris que les barques qui apportaient à la cour le tribut des provinces
méridionales, ou qui servaient au commerce de l'empire, ne pouvaient s'y rendre
que par la mer, où elles étaient exposées
à de fréquens naufrages, il entreprit de
creuser ce grand canal, qui est encore
maintenant une des merveilles de la Chine.
Il a trois cents lieues de longueur, et forme
un grand chemin liquide, par lequel plus
de neuf mille barques impériales trans-
portent aisément et à peu de frais le tribut
de grains, d'étoffes et autres objets, qui
forment le tribut annuel de l'empereur.
Chi-Tsou régna quinze ans, et mourut âgé
de quatre-vingts ans.

Gin-Tsong, quatrième empereur de la

vingtième dynastie, vivait l'an 1315 de
Jésus-Christ. Ce prince joignait à un esprit
vif et pénétrant beaucoup d'équité, de
douceur et de modération. C'était lui faire
la cour que de lui donner de sages conseils. Il punissait avec peine et récompensait libéralement. Il porta un édit qui faisait défense aux princes et aux petits souverains, ses vassaux, d'aller à la chasse
depuis le mois de juin jusqu'au mois d'octobre, de peur que les campagnes ne fussent
endommagées par ce divertissement.

Ayant appris que cinq frères avaient été
condamnés à mort pour des crimes dont
ils s'étaient rendus coupables, *que du
moins on fasse grâce à l'un d'eux*, dit ce
bon prince, *afin que leurs malheureux parens aient quelqu'un qui les nourrisse et
les console.*

Ven-Tsong, huitième empereur de la
vingtième dynastie, régnait vers l'an 1331
de Jésus-Christ. Ce prince mit tous ses
soins à avoir de bons ministres et à suivre
leurs conseils. Les historiens chinois ne
l'ont blâmé que d'une chose, c'est d'avoir
reçu dans son palais avec les plus grands

honneurs le grand Lama, chef de la religion des bonzes du Thibet, et d'avoir ordonné aux grands de sa cour de le traiter
avec le plus profond respect.

On vit alors les plus grands seigneurs
saluer ce bonze à genoux, et lui offrir du
vin dans cette humiliante posture, tandis
qu'il daignait à peine se remuer de sa place,
et leur donner la moindre marque d'attention. Un des principaux seigneurs, vivement piqué de cet orgueil, prit la parole
et lui dit : *Bonhomme , je sais que vous
êtes le disciple de Foé , et le maître des
bonzes ; mais peut-être ignorez-vous que je
suis disciple de Confucius , et que je tiens
un des premiers rangs parmi les lettrés de
l'empire; il est bon de vous l'apprendre.
Ainsi , agissons sans cérémonie.* En même
temps, se tenant debout, il lui présenta la
coupe. Le grand Lama se leva de son siége,
prit la coupe en souriant et la but.

Hong-Vou, premier empereur de la vingt-
unième dynastie, régnait vers l'an 1384
de l'ère chrétienne. Ce prince, qui n'étant
que valet d'un monastère de bonzes, s'était
mis à la tête d'une armée de révoltés, avec

laquelle il avait chassé le dernier empereur tartare, s'était mis en possession de l'empire du consentement unanime des peuples de la Chine. Il publia plusieurs ordonnances, dont la plus remarquable portait que les lois anciennes et modernes de l'empire seraient rédigées dans un corps de trois cents volumes. Ce grand ouvrage fut un siècle à paraître.

Parmi les différentes maximes qu'on rapporte de ce prince, il en est deux qui lui étaient familières. « *Quand il y a du mouvement et du trouble dans l'empire, disait-il souvent, il ne faut point agir avec précipitation. Si tout y est tranquille, prenez garde de traiter vos peuples avec trop de sévérité, et de vous attacher à des minuties.* »

Comme il visitait les provinces de l'empire, accompagné de son fils aîné, il fit un jour arrêter son char au milieu des campagnes, et se tournant vers ce jeune prince : « *Je vous amène avec moi, lui dit-il, afin que vous soyez témoin des sueurs et des travaux des pauvres laboureurs, et que la compassion qu'un si pénible métier*

excitera *dans votre cœur, vous porte à ne
les jamais surcharger d'impôts.* »

Un jeune homme, qui voyageait avec
son père et sa femme, tomba entre les
mains des voleurs. Ceux-ci se disposaient
à tuer le vieillard, lorsque son fils se plaça
entre eux et lui, et les conjura, en ver-
sant des larmes, de le faire mourir lui-
même à la place de son père. Comme ils
voulaient faire violence à sa femme, *seriez-
vous capables*, leur dit-elle, *de commettre
une action si infâme, quand mon mari est
plein de vie?* Irrités de ces paroles, ils
allumèrent un grand feu, et y jetèrent le
jeune homme. La femme s'y précipita
aussitôt, embrassa fortement le corps de
son mari, et fut consumée avec lui.

L'empereur fit ériger à ce vertueux et
malheureux couple un superbe monument,
pour conserver le souvenir de leur piété
filiale et de leur amour conjugal. Dans le
même temps, il fit punir avec une grande
rigueur un autre jeune homme qui, pour
obtenir du ciel la santé de sa mère, qui était
mourante, avait sacrifié son propre fils à
une idole.

L'empereur *Hong-Vou*, persuadé combien il était important à l'état d'exciter et d'encourager la jeunesse à l'étude, ordonna dès la seconde année de son règne, que dans toutes les villes du premier, du second et du troisième ordres, on eût à bâtir des écoles publiques. Six ans après, pour étendre davantage ce bienfait, il fonda des écoles pour la campagne. L'ordre qu'il adressa aux premiers mandarins de chaque province, était conçu en ces termes :

« On voit à présent à la cour et dans toutes les villes, des édifices où l'on enseigne les sciences. Mon intention est que les gens de la campagne aient part aux grands avantages, et à l'admirable changement que l'étude produira sans doute parmi mon peuple. C'est pourquoi, vous, mandarins, faites au plus tôt bâtir des écoles à la campagne, et ayez soin de les fournir de maîtres habiles. Ces maîtres étant autorisés et gens de mérite, chacun dans tout l'empire voudra que l'étude soit la première et la principale occupation des enfans, et qu'ils s'efforcent d'y exceller. »

On raconte de ce même empereur qui,

d'une basse naissance, s'était élevé jusqu'au trône, fit chercher avec soin, s'il y avait quelqu'un qui fût né précisément au même moment et sous le même aspect des astres que lui. Cette parfaite conformité de naissance se rencontra dans un villageois. L'empereur, auprès duquel il fut conduit, fut surpris de le voir si pauvre. Après avoir bien questionné ce bonhomme, il apprit qu'il subsistait par le moyen de quinze ruches d'abeilles, qu'il possédait. « Après tout, dit ce prince, il y a de la ressemblance entre son sort et le mien. Je suis empereur de quinze provinces, et je n'ai pas plus de rois qui relèvent de moi, que cet homme en a qui dépendent de lui; car chaque ruche a son roi, et ces quinze rois lui payent le tribut annuel qui le fait subsister. » Sa conclusion fut pourtant que les tireurs d'horoscope n'étaient que des imposteurs.

Tching-Tsou était le troisième empereur de la vingt-unième dynastie, et régnait vers l'an 1420 de l'ère chrétienne. Un grand nombre de jeunes gens ayant embrassé la profession des bonzes avant l'âge de quarante ans, contre une loi que son père Hong-Vou avait portée, il les fit tous sortir de leurs monastères. Il fit aussi brûler tous les livres de chimie qui traitaient du secret de se rendre immortel. La septième année de son règne, il quitta la ville de Nanking où il tenait sa cour, et établit sa résidence à Péking. Il laissa son fils aîné dans la première de ces villes, avec un nombre de tribunaux et de mandarins, égal à ceux de la seconde.

Un jour, on lui offrit des pierres précieuses trouvées dans une mine nouvellement découverte dans la province de Chan-Si. Il ordonna aussitôt qu'elle fût fermée, ne voulant pas, comme il disait, fatiguer son peuple d'un vain travail, puisque les pierres, quelque précieuses qu'elles fussent, ne pouvaient, ni le vêtir, ni le nourrir dans un temps de stérilité. Il fit fondre cinq cloches d'airain, qui pesaient chacune cent vingt mille livres.

Gin-Tsong, quatrième empereur de la vingt-unième dynastie, régnait vers l'an de Jésus-Christ 1427. Il signala son avènement au trône par un trait admirable de sa tendre affection pour ses sujets. La famine étant devenue générale dans la province de Chan-Tong, il résolut d'y envoyer un de ses ministres. Comme celui-ci lui représentait qu'il serait à propos de consulter les tribunaux sur les moyens de secourir une si nombreuse population, *point tant de délibération,* lui répondit ce prince; *quand mon peuple souffre, il faut voler à son secours avec autant de célérité que s'il s'agissait d'éteindre un incendie, ou d'arrêter une inondation subite.*

Quelques courtisans prenant la liberté de lui représenter qu'il fallait distinguer ceux qui avaient le plus besoin de secours, de ceux qui avaient plus de ressources, *à la bonne heure,* répliqua ce prince; *mais qu'on se garde bien d'entrer dans un trop grand détail, et qu'on ne craigne ni d'aller au delà de mes intentions, ni de donner dans un excès de libéralité.*

Ce bon prince, le Titus de la Chine, ne régna malheureusement que quelques mois.

Chi-Tsong, onzième empereur de la vingt-unième dynastie, régnait vers l'an

1450 de l'ère chrétienne. Dès les premières
années de son règne, il donna des preuves
d'une haute sagesse, mais la fin ne répondit
pas à ces bons commencemens. Il fit tirer
du trésor impérial des sommes considérables pour le soulagement de ses peuples.
Il fit réparer la grande muraille dont nous
avons parlé.

Deux jeunes filles que leur père, poussé
par l'indigence, voulait prostituer, évi-
tèrent ce déshonneur en se précipitant
dans une rivière voisine de leur demeure.
Chi-Tsong, transporté d'admiration pour
leur vertu, leur fit élever un magnifique
mausolée, avec cette inscription : *Les
deux illustres Vierges.*

Ce fut la trente-unième année du règne
de ce prince que saint François-Xavier,
apôtre de l'Orient, mourut dans l'île de
Sancian, dépendante de la province de
Quang-Tong, à l'âge de quarante-six
ans.

Ching-Tsong, treizième empereur de
la même dynastie, régnait vers l'an de
grâce 1572. Quoiqu'il n'eût que dix ans
lorsqu'il monta sur le trône, il fit paraître

dans toutes ses actions une prudence bien
au-dessus de son âge. Il avait pour son tuteur, qui était aussi son maître, une attention si respectueuse, que toutes les fois qu'il
venait de lui donner sa leçon, il ordon-
nait à un domestique de le rafraîchir avec
un éventail, si c'était en été, et d'étendre
sous ses pieds un double tapis si c'était
en hiver. Il le visitait quand il était malade, et lui présentait lui-même des médi-
camens ou du bouillon.

Ce beau naturel était soutenu par un
grand fond de droiture et d'équité, et
s'unissait à un esprit vif, pénétrant et
passionné pour les lettres chinoises.

Tous les jours, Chin-Tsong examinait,
dès les quatre heures du matin, et ré-
pondait les requêtes qu'on lui avait présentées la veille. Il ordonna pour la commodité du public, que tous les trois mois
on imprimerait le nom, le grade et la
patrie de chaque mandarin de l'empire :
cette loi s'observe encore aujourd'hui.

Ce fut sous ce règne, l'an 1581, que le
premier missionnaire jésuite, le P. Mi-
chel Roger, entra à la Chine pour y prê-

cher l'évangile. En 1601, le P. Ma-
thieu Ricci fut introduit pour la première
fois dans le palais de l'empereur. Ce prince
lui donna de grandes marques d'estime
et de considération, et agréa tous ses
présens, parmi lesquels il y avait un tableau du Sauveur et un autre de la sainte
Vierge, qu'il fit placer dans un lieu fort
honorable. En 1610, ce zélé missionnaire
mourut en odeur de sainteté, à l'âge de
cinquante-huit ans, après avoir établi
plusieurs sociétés chrétiennes dans diverses
provinces de l'empire. L'empereur accorda pour sa sépulture un vaste emplacement hors de la ville de Péking, dans
lequel il y avait un bâtiment et un jardin.

Cinq ans après, un mandarin suscita
une cruelle persécution contre les nouveaux chrétiens, dans la province de
Kiang-Nan. Plusieurs missionnaires reçurent la bastonnade, et les autres furent
obligés de se cacher. Heureusement cette
persécution ne dura que six ans. Le per-
sécuteur mourut dépouillé de ses dignités,
et la religion chrétienne n'en devint que
plus florissante. Chin-Tsong régna qua-
rante-huit ans.

CHAPITRE XIII.

Dernière révolution de la Chine.

HOAI-TSONG, seizième empereur de la dynastie précédente, régnait vers l'an de Jésus-Christ 1644. Ce fut avec ce prince que finit la domination chinoise pour faire place à celle des Tartares, qui gouverne encore aujourd'hui ce vaste empire avec une autorité absolue. Les sciences avaient beaucoup d'attrait pour lui, et il écrivait avec une netteté peu commune, ce qui n'était pas un petit mérite dans sa nation. Il était doux, chaste et modéré, mais irrésolu et défiant. Ennemi des eunuques qui, sous les règnes précédens, avaient acquis une grande autorité, il défendit aux mandarins d'avoir le moindre commerce avec eux. Il avait souvent conseillé à son frère de se défaire du chef de ses eunuques, nommé *Guei-Tsong*, qui dominait dans le palais, et faisait tout craindre par l'insolence de ses

procédés. Ce scélérat, voyant *Hoai-Tsong*
sur le trône, prit du poison et prévint ainsi
le supplice qui l'attendait.

Comme les troupes impériales étaient
occupées du côté de la Tartarie, et qu'on
ne pouvait trop se hâter de les réprimer
en faisant la paix avec les Tartares, l'empereur envoya en Tartarie un eunuque,
nommé *Yuen*, avec une nouvelle armée et
les pouvoirs nécessaires pour traiter de la
paix.

Cet eunuque, qui était un traître, se
laissa gagner par les Tartares et conclut
un traité aux conditions les plus honteuses
pour l'empire. L'empereur refusa de le
ratifier. *Yuen*, pour l'y forcer, invita à un
grand festin le commandant-général de
l'armée chinoise dont la fidélité envers son
souverain lui était connue, et l'empoisonna.
Après avoir commis ce crime, il conseilla
aux Tartares de marcher sur Péking par
une route différente de celle qu'il occupait
avec son armée. Les Tartares suivirent
ce conseil, et mirent le siége devant la
ville impériale.

Yuen, ayant reçu l'ordre de venir avec

1.   7

ses troupes au secours de cette ville, partit sans hésiter et sans avoir le moindre soupçon que sa trahison eût été découverte ; mais à peine était-il entré dans la ville, qu'on lui donna la question. Après avoir été convaincu de sa perfidie, il fut étranglé.

Le châtiment de ce traître ne rétablit pas d'une manière durable la tranquillité dans l'empire. Quelques années après, la Chine ne fut plus qu'un vaste théâtre de dissensions intestines, de meurtres, de brigandages. Un nombre prodigieux de mécontens et de séditieux formèrent jusqu'à huit corps d'armée, dont chacun avait son chef. Les chefs, quelque temps après, furent réduits à deux, qui eurent toute autorité sur les troupes. L'un d'eux se nommait *Li*, et l'autre *Tchang*.

Ces deux généraux se concertèrent et convinrent de se partager les provinces de l'empire. *Tchang* s'adjugea les provinces occidentales de *Sé-Tchuen* et de *Hou-Quang*; et *Li*, passant dans celles du nord, s'empara d'une grande partie de la province de *Chen-Si*; après être entré dans celle de *Honan*, il en assiégea la capitale, nommée *Cai-Fong*. La résistance des assiégés fut si opiniâtre, qu'ils aimèrent mieux se nourrir de chair humaine que se rendre, et qu'elle donna aux troupes impériales le temps de venir au secours de cette place. Le général de cette armée se persuada qu'en rompant les digues du fleuve Jaune, il ferait périr dans les eaux celle des rebelles. Ceux-ci se retirèrent dans les montagnes, et la ville plus basse que le fleuve fut entièrement submergée, et trois cent mille habitans périrent dans cette inondation.

Li s'étant rendu maître des provinces entières de Honan et de Chen-Si, en fit mourir tous les mandarins, et tira de grandes sommes de tous ceux qui avaient exercé des charges lucratives; mais pour mettre le peuple dans ses intérêts, il l'affranchit de toutes sortes d'impôts. Cette conduite populaire ne manqua pas d'attirer dans son parti un grand nombre de soldats de l'armée impériale. Bientôt il se vit si puissant qu'il osa prendre le titre d'empereur, et s'avança ensuite vers la ville impériale, que défendait une garnison de soixante et dix mille hommes. Comme un grand nombre de ses soldats qui y avaient pénétré, déguisés, s'étaient assurés d'un parti considérable, il était presque certain qu'il n'y trouverait aucune résistance.

Il ne se trompait pas. Dès le troisième jour de son arrivée sous les murs de la capitale de l'empire, les portes lui en furent ouvertes, et il y entra à la tête de trois cent mille hommes. Nous avons fait dans *la description de Péking* le récit de la fin tragique de l'empereur, d'une partie de sa famille et de ses ministres. Il n'y eut que le fils aîné de l'infortuné Hoai-Tsong qui échappa à la mort en prenant la fuite.

Lorsque tout ployait sous la puissance du féroce usurpateur, le prince Ou-San-Guey, général des troupes impériales dans le *Leao-Tong* (1), osa ne le pas reconnaître. Ce tyran part à la tête de son armée, va mettre le siége devant la place où commandait ce fidèle sujet, fait paraître

---

(1) Le *Leao-Tong* est une province de la Tartarie Chinoise, située au nord-est de la Chine.

Il prie son père de lui pardonner s'il sacrifie
sa tendresse filiale à ses devoirs.

à ses yeux son père chargé de fers, et lui
déclare qu'il va le faire égorger, s'il tarde
à se soumettre. Ou-San-Guey, à ce dou-
loureux spectacle, se met à genoux sur
les murailles, et fondant en larmes, il
prie son père de lui pardonner, s'il sacrifie la tendresse filiale à son devoir envers son prince et sa patrie. Le généreux
vieillard approuva la résolution de son
fils, et se livra à la mort.

Dans le dessein de tirer vengeance de
la mort de son empereur et de celle de son
père, Ou-San-Guey fit la paix avec les
Tartares Mantchéoux, et les appela à son
secours. *Tsong-Té*, prince de ces peuples,
lui amena promptement quatre-vingt mille
hommes. L'usurpateur, se voyant dans
l'impuissance de résister à de si grandes
forces, leva le siége, se rendit en toute
hâte à Péking, où ne se croyant pas en
sûreté, il pilla le palais, y mit le feu,
et s'enfuit avec son armée dans la province de *Chen-Si*, enrichi des dépouilles
de l'empire, et chargé de la malédiction
publique.

Tsong-Té était à peine entré sur les

terres de la Chine, qu'il mourut. Avant
sa mort, il déclara empereur son jeune
fils, âgé de six ans, nommé Chun-Tchi.
Il confia à son frère Amavan la tutelle
de ce jeune prince et la régence de l'empire.

Le nouvel empereur fut conduit droit
à Péking, et reçu aux acclamations de tout
le peuple de cette immense capitale. De
tous côtés on n'entendait que ces cris de
joie : *Van-Soui ! Van-Soui !* expression
chinoise qui signifie : qu'il vive de longues années. Ce fut avec ce prince que
commença la dynastie *Tsing*, qui est
assise aujourd'hui sur le trône chinois.

CHAPITRE XIV.

*Précis du règne de Chun-Tchi. Désola-
tion de plusieurs provinces chinoises.*

On est incertain sur ce que devint l'usurpateur *Li*, que les Tartares poursuivirent

pendant quelque temps. Il est des historiens qui croient qu'il fut tué dans un
combat par Ou-San-Guey. Ce général se re-
pentit, mais trop tard, de la faute qu'il
avait faite en appelant les Tartares à son
secours, et disait quelquefois qu'il avait
fait venir des lions pour chasser des chiens.
Cependant Chun-Tchi lui conféra la dignité de roi et le titre de *ping-si*, qui
signifie pacificateur de l'occident, et lui
assigna pour résidence la ville de *Singan-
Fou*, capitale de la province de *Chen-Si*,
qui avait été ravagée par le fer et par
le feu.

Amavan, oncle et tuteur du jeune monarque, tourna ses armes vers les provinces méridionales de l'empire pour les
soumettre à son obéissance. On avait proclamé empereur, à Nanking, un petit-
fils du treizième empereur de la dynastie
précédente. Il fut pris, conduit à Péking
et étranglé. Les Tartares entrèrent ensuite dans la province de Tche-Kiang, et
en assiégèrent la capitale. Celui qui en
était roi, et qui avait refusé le titre
d'empereur, monta sur les murailles, et

se mettant à genoux, il supplia les assié-
geans d'épargner son peuple, et leur cria
que s'il leur fallait une victime, il s'offrait
volontiers pour sauver la vie à ses sujets.
Il sortit ensuite de la ville, et se mit à
la discrétion du vainqueur.

Long-Vou, autre petit-fils du treizième
empereur de la dernière dynastie, fut
proclamé empereur dans la province de
Fo-Kien; mais à l'approche du conquérant,
toutes les villes se rendirent, et le sang de
ce prince fut répandu pour affermir cette
conquête.

Un homme de basse extraction, nommé *Tchin-Tchi-Long*, joua un grand rôle
dans cette fameuse révolution. Il avait été
d'abord domestique des Portugais à Macao.
Instruit des vérités du christianisme, il
avait reçu à son baptême le nom de Ni-
colas. Devenu ensuite petit marchand, il
avait amassé d'immenses richesses par son
industrie et son commerce avec les Espa-
gnols et les Hollandais; enfin il avait équipé
une flotte considérable. Il reconnut d'abord
Long-Vou pour empereur; mais, après sa
mort, il fit semblant de se soumettre à

Chun-Tchi. Ce prince lui offrit la dignité
de roi, et l'invita à un festin solennel. Ce
parvenu se rendit à une si honorable invitation, dans l'espérance d'obtenir à la
cour les plus éminentes dignités. Pendant
son absence, son fils prit le commandement
de la flotte; et ni les prières de son père,
ni les promesses de l'empereur ne purent
ébranler sa fidélité à l'égard des princes
chinois.

De la province de Fo-Kien, l'armée tartare s'avança jusqu'à la province de Quang-
Tong, où elle ne trouva nulle résistance.
Il n'en fut pas de même dans celle de Quang-
Si : elle y fut complètement défaite par le
vice-roi Thomas·Kiu, et par le général des
troupes chinoises, Luc Tchin, tous deux
chrétiens. Les vainqueurs élurent aussitôt
un prince de la race impériale, nommé
Yong-Lié, et après l'avoir proclamé empereur, ils le conduisirent à Chao-King
pour y tenir sa cour.

Le bruit de cette grande victoire, qui se
répandit bientôt dans toutes les provinces de
l'empire, ranima le courage des Chinois.
Un capitaine, qui avait rassemblé une ar-

mée dans le Fo-Kien, et le fils du parvenu,
dont nous avons parlé plus haut, qui courait les mers voisines avec sa flotte, re-
prirent plusieurs villes, l'un sur les côtes,
et l'autre dans les terres.

Vers le nord deux généraux, dont l'un
se nommait *Ho*, et l'autre *Kiang*, rassemblèrent chacun une armée considérable ; le
premier s'empara de plusieurs villes de la
province de Chen-Si ; le second entra dans
la même province avec cent quarante mille
hommes de cavalerie, et une infanterie
beaucoup plus nombreuse. Ils battirent
deux fois les Tartares, et leur inspirèrent
une telle épouvante, qu'ils n'osèrent plus
se montrer en rase campagne. Cependant
ils finirent par être vaincus trois ou quatre
ans après, et perdirent toutes les villes dont
ils s'étaient rendus maîtres.

Vers l'ouest, un autre chef d'insurgés
portait partout la désolation : c'était un
vrai démon sous la figure humaine. Après
avoir exercé d'affreuses cruautés dans les
provinces de Honan, de Kiang-Nan et de
Kiang-Si, il déploya toutes ses fureurs sur
celle de Sé-Tchuen. Doux et affable envers

ses soldats, avec lesquels il jouait et mangeait, il ne mettait aucune borne à sa barbarie envers les autres Chinois. Il fit mourir
le roi de la capitale du Sé-Tchuen, prince
de la dernière dynastie. Si un seul habitant
s'était rendu coupable d'une faute, il faisait égorger tous ceux de la même rue.
Cinq mille eunuques périrent par les ordres
de cet homme sanguinaire, parce que l'un
d'eux ne lui avait pas donné le titre d'empereur. Ayant convoqué dix mille lettrés,
il les fit tous mourir sous prétexte que
leurs sophismes inspiraient aux peuples
l'esprit de sédition.

Comme il était sur le point de quitter la
ville de Tchin-Tou-Fou pour entrer dans
la province de Chen-Si, il en fit enchaîner
tous les habitans, et lorsqu'ils furent assemblés dans la campagne, ses soldats les mas-
sacrèrent sous ses yeux. Sous prétexte que
les femmes de ceux-ci ne faisaient qu'em-
barrasser l'armée, il ordonna qu'elles fussent mises à mort ; et donna lui-même
l'exemple de cette atrocité en égorgeant
trois cents des siennes. Enfin, il ne quitta
la province de Sé - Tchuen, qu'après

l'avoir presque dépeuplée, et en avoir livré
aux flammes la capitale et plusieurs autres
villes. Ce monstre se disposait à livrer bataille à l'armée tartare qui s'approchait,
lorsqu'on vint l'avertir qu'on en voyait
quelques soldats sur les hauteurs. Il partit
aussitôt pour les reconnaître, sans prendre
ni casque ni cuirasse. A peine s'était-il
montré aux ennemis qu'il tomba mort d'un
coup de flèche. Après cet événement toute
son armée se dissipa ; les peuples reçurent
les Tartares comme des libérateurs, et se
soumirent avec joie à leur domination.

Déjà onze provinces reconnaissaient Chun-
Tchi pour empereur ; et quatre seulement,
situées au midi, obéissaient à un monarque
chinois. Amavan envoya trois armées pour
les soumettre. On assiégea la capitale de
la province de Quang-Tong. Après un
siége meurtrier, qui dura un an, cette ville
fut prise et livrée au pillage : on marcha
ensuite à *Chao-King*, où *Yong-Lié* tenait
sa cour. Ce prince, qui n'avait pas assez de
forces pour résister au vainqueur, se retira
d'abord dans la province de Quang-Si, ensuite dans celle d'Yu-Nan.

L'année suivante les Tartares firent une grande perte par la mort d'Amavan. Les Chinois mêmes le regrettèrent, parce qu'il avait su se concilier leur estime et leur affection par ses grandes qualités. Après sa mort, le jeune empereur, qui était parvenu à sa quatorzième année, prit en main les rênes de l'empire. Peu de temps auparavant, il avait épousé la fille du prince des Tartares occidentaux. Bien différent des monarques chinois, ses prédécesseurs, ce prince, au lieu de se tenir renfermé dans son palais, prit la coutume de se montrer au peuple, et de donner à ses sujets un accès facile auprès de sa personne. Il ne fit aucun changement ni dans les lois ni dans le gouvernement de la Chine; il ne permit pas même aux Chinois d'apprendre la langue tartare sans une permission particulière. Il conserva les six grands tribunaux ; mais il voulut qu'ils ne siégeassent qu'à Péking, et qu'avec le président chinois, il y en eût un autre d'origine tartare. Il continua de ne confier qu'aux lettrés le gouvernement des villes et des provinces, en

lés condamnant à subir un nouvel examen.

Ce prince avait une singulière affection
pour un jésuite, nommé Adam Schaal :
il ne l'appelait pas autrement que *Ma-Fa*,
expression qui signifie mon père. Il le plaça
à la tête du conseil des mathématiques pour
qu'il réformât l'astronomie chinoise, et en
chassa les Mahométans qui en étaient en
possession depuis trois siècles. Il ne s'en
tint pas à cette distinction ; il lui permit de
lui présenter directement ses demandes,
sans les soumettre aux tribunaux, suivant
l'usage. Cette insigne faveur contribua si
efficacement aux progrès du christianisme,
que, peu de temps après, on vit s'élever
à Péking deux belles églises, sous la protection impériale.

Chun-Tchi mourut à l'âge de vingt-
quatre ans, du chagrin que lui causa la
perte d'une reine qu'il aimait beaucoup. Il
n'était âgé que de vingt-quatre ans, et en
avait régné dix-sept. En mourant il nomma
quatre seigneurs de sa cour, tuteurs de son
plus jeune fils, nommé Cang-Hi, qui

n'avait encore que huit ans. Le jour même de sa mort, tous les bonzes furent chassés du palais, et le lendemain Cang-Hi monta sur le trône, et reçut les hommages de tous les grands de l'empire.

CHAPITRE XV.

Précis du règne de Cang-Hi.

Dès le lendemain de la mort de l'empereur Chun-Tchi, on proclama empereur son fils, Cang-Hi, âgé de huit ans. Il monta sur le trône : tous les princes, les seigneurs, les premiers officiers de l'armée et de la couronne, et les mandarins de tous les tribunaux allèrent se prosterner à ses pieds, et firent les neuf saluts d'usage. Rien de plus magnifique que la grande cour où se fit cette cérémonie. Les deux côtés en étaient occupés par les mandarins vêtus d'habits de soie à fleurs d'or en forme de roses. Cinquante d'entre eux portaient de grands parasols brodés d'or et de soie avec leurs bâtons dorés ; placés en nombre égal aux deux ailes du trône, ils avaient à leurs côtés trente autres officiers avec de grands éventails en broderie d'or et de soie. Près de ceux-ci étaient vingt-huit grands étendards, semés d'étoiles d'or avec de grands dragons et la figure de la lune dans toutes ses phases. Ils étaient suivis de cent autres étendards qui représentaient des masses d'armes, des haches, des marteaux, et d'autres instrumens de guerre, avec des têtes bizarres de monstres et autres animaux.

Cang-Hi, second empereur de la vingt-deuxième dynastie, est un des plus grands monarques qui aient gouverné la Chine. Son nom, respecté dans tout l'Orient, ne le fut pas moins dans l'Europe, où les missionnaires, qu'il protégeait, contribuèrent beaucoup à faire connaître ses éminentes qualités.

Un des premiers actes que les quatre tuteurs de ce prince firent de leur autorité, fut d'ordonner à tous ceux qui habitaient les côtes maritimes de six provinces d'aller s'établir à trois lieues plus loin dans les terres. On détruisit aussi par leur ordre toutes les villes, forteresses et villages situés sur les côtes, et le commerce de la mer fut absolument interdit. Cette grande mesure affaiblit la puissance de Tching-Cong, ce redoutable ennemi, qui, par sa nombreuse flotte, s'était rendu maître de la mer ; mais elle réduisit à la mendicité une infinité de familles que la pêche faisait subsister. Plusieurs églises furent aussi démolies avec les temples des idoles, et la ville de Macao aurait éprouvé le même sort, sans les vives sollicitations du jésuite que nous avons nommé plus haut.

La faveur dont jouissait ce respectable religieux à la cour de Péking, ne tarda pas à exciter la jalousie des lettrés. Un d'eux présenta aux régens de l'empire une requête remplie d'affreuses calomnies contre la religion chrétienne, et contre les missionnaires dont le Père Adam était regardé comme le chef. Elle n'eut qu'un trop prompt succès. Ce missionnaire et trois de ses collègues furent chargés de chaînes et traînés devant les tribunaux, où on leur fit subir de longs

et humilians interrogatoires. Les livres de
piété, les chapelets, les médailles, regardés
comme autant de signes auxquels les cons-
pirateurs devaient se reconnaître, furent
livrés aux flammes. Le Père Adam, qui
d'abord devait être étranglé, fut ensuite
condamné à être coupé vivant en dix mille
morceaux. Cette sentence ayant été portée
aux princes du sang et aux régens pour être
confirmée, plusieurs secousses de tremblement de terre se firent sentir chaque fois
qu'on en commença la lecture, et obligè-
rent l'assemblée de se séparer. Cet événement causa une si grande consternation,
que l'arrêt fut révoqué, et une amnistie
générale accordée. Le Père Adam ne fut
élargi qu'un mois après, et lorsque le
palais impérial eut été consumé par les
flammes. Tous les missionnaires, au nombre de vingt-cinq, furent relégués à Canton,
excepté quatre qu'on retint à la cour.

La justice divine ne tarda pas à se dé-
clarer contre celui des quatre régens qu'on
regardait comme le plus cruel ennemi des
chrétiens. Le jeune empereur ayant pris
en main le gouvernement de ses vastes

états, ce ministre eut à se défendre de vingt chefs d'accusation portés contre lui. Il fut convaincu, chargé de chaînes, et condamné au plus cruel supplice. L'empereur modéra la rigueur de sa punition, et il ne fut qu'étranglé. Sept de ses enfans ou petits-enfans eurent la tête tranchée, et son fils aîné fut coupé en morceaux.

Après la mort du Père Adam, dont l'innocence fut solennellement reconnue, le Père Verbiest devint président du tribunal des mathématiques. Le jeune empereur qui l'estimait, prit ses leçons pendant cinq mois. Ce religieux se servit de sa faveur pour présenter à ce monarque une requête dans laquelle il repoussait les calomnies qu'on avait publiées contre la loi chrétienne, et contre ceux qui la prêchaient. Cette requête fut examinée, pendant sept jours, dans une assemblée générale des mandarins ; et cet examen fut suivi d'une déclaration qui portait que la loi chrétienne n'enseignait rien de condamnable, rien de contraire aux lois de l'empire. Un édit impérial rappela les missionnaires exilés ; mais il leur fut défendu de bâtir de nouvelles églises, et aux Chinois de se faire chrétiens.

En 1682, l'empereur, ayant dompté les rebelles qui avaient pris les armes dans plusieurs provinces de l'empire, prit la résolution d'aller visiter sa patrie et la sépulture de ses ancêtres. Le 23 mars, il se mit en route pour la Tartarie orientale, accompagné du prince héréditaire, des trois reines, des grands-seigneurs, des principaux mandarins, et d'une armée d'environ soixante dix mille hommes. Il voulut que le Père Verbiest fût de ce voyage, et se trouvât toujours auprès de sa personne. L'année suivante, il fit un autre voyage dans la Tartarie occidentale, avec un plus grand appareil encore, et une armée beaucoup plus nombreuse. Son intention était de tenir ses troupes en haleine, de les endurcir à la fatigue, de se faire aimer et redouter tout à la fois des princes tartares ses sujets, en étalant à leurs yeux toute la grandeur de sa puissance, et en les comblant de ses bienfaits.

La Chine jouissait d'une profonde paix,

dont elle était redevable à la sagesse et aux
lumières de ce prince. Son application infatigable aux affaires, son équité, son discernement dans le choix des sujets propres
à remplir les premières charges, sa frugalité, son mépris pour le luxe, la simplicité
de ses vêtemens, sa magnificence dans les
dépenses publiques, son amour pour ses
sujets, sa fermeté à faire exécuter les lois,
sa vigilance sur la conduite des vice-rois et
des gouverneurs, l'empire absolu qu'il avait
acquis sur lui-même; tout cela entretenait
la plus parfaite harmonie dans toutes les
parties de sa vaste domination.

Cependant, malgré ses occupations multipliées, Cang-Hi trouvait encore le temps
de s'appliquer aux sciences, pour lesquelles
il avait beaucoup de dispositions et de goût.
Ne se contentant pas de se livrer à la lit-
térature chinoise, il voulut encore s'instruire des sciences de l'Europe; savoir : de
la géométrie, de l'algèbre, de la physique,
de l'astronomie, de la médecine et de l'a-
natomie. Trois missionnaires jésuites furent
occupés, pendant plusieurs années, à ré-
diger leurs leçons en langue tartare, et à

les lui expliquer deux fois par jour, soit
à Péking, soit à sa maison de plaisance.

Ce fut pour récompenser ses maîtres de
leur zèle à l'instruire, qu'il leur accorda,
dans l'enceinte même de son palais, un
vaste emplacement pour y bâtir une maison
et une église; il fournit même de l'argent
et partie des matériaux pour la construction de ces deux édifices, et nomma
des mandarins pour y présider. Tout fut
achevé en quatre ans; et ce fut en 1702
que se fit l'ouverture de l'église, et qu'elle
fut bénie avec beaucoup de solennité.

En 1717, un mandarin militaire présenta
à l'empereur une requête pleine d'invec-
tives et de calomnies contre la religion
chrétienne et ceux qui la prêchaient. La
tranquillité de l'état, y disait-il, était
menacée au dedans par les missionnaires et
leurs disciples, et au dehors par les Européens qui faisaient le commerce de la Chine.
L'empereur ne manqua pas de faire examiner cette requête par les tribunaux.
Ceux-ci s'étant conformés à cet ordre, portèrent une sentence qui rappelait deux édits,
l'un de la huitième année du règne de Cang-

Hi, et l'autre de la quarante-cinquième année : par le premier, il était défendu aux missionnaires de bâtir des églises, et aux Chinois d'embrasser la foi chrétienne ; par l'autre, il était ordonné à chaque Européen de se munir d'une patente impériale qui devait faire mention du nom de son pays, de l'ordre religieux auquel il appartenait, du temps de sa résidence à la Chine, et de sa promesse de ne plus retourner en Europe. Cette sentence consterna profondément les missionnaires. Trois d'entr'eux, à la tête desquels était le Père Parennin, allèrent se jeter aux pieds de l'empereur, qui leur répondit que cette sentence ne concernait que ceux qui n'avaient pas reçu la patente.

Le 22 novembre de l'an 1720, un ambassadeur de Russie fit son entrée à Péking avec beaucoup de pompe et de magnificence. Son cortége étoit de plus de cent personnes, presque toutes vêtues d'habits superbes à la mode européenne. Les cavaliers qui marchaient à côté de l'ambassadeur portaient l'épée nue. Ce fut pour les Chinois un spectacle tout nouveau, et qui piqua vivement leur curiosité.

En 1722, Cang-Hi prenant, au mois de décembre, le divertissement de la chasse du tigre dans un de ses parcs, fut saisi d'un frisson si violent, qu'il ordonna à toute sa suite de retourner aussitôt à sa maison de plaisance. Cet ordre étonna d'abord tout le monde; mais bientôt on en connut le motif : le sang de l'empereur s'étant coagulé, nul remède ne put le soulager. Se voyant près de sa fin, il assembla tous les grands de l'empire, et leur déclara qu'il nommait son quatrième fils pour lui succéder. Il expira le 20 décembre, âgé de soixante-neuf ans. La même nuit, son corps fut transporté à Péking. Il avait régné soixante et un ans avec autant de gloire que de bonheur.

Trait de justice et de sévérité de l'empereur Cang-Hi.

Pendant un voyage dans les provinces méridionales de son empire, ce prince s'étant un jour éloigné de sa suite, aperçut un vieillard qui pleurait. Il lui demanda le sujet de ses larmes. « Seigneur, lui dit cet homme qui ne le connaissait pas, je n'avais qu'un enfant qui faisait tout mon bonheur, et sur lequel je me reposais du soin de ma famille; un mandarin tartare me l'a enlevé. Maintenant, je suis privé de tout secours, et il y a apparence que je le serai toute ma vie; car, un homme pauvre et faible comme moi, peut-il obliger un gouverneur à me rendre justice?—Cela n'est pas si difficile que vous pensez, lui dit l'empereur; montez en croupe derrière moi, et conduisez-moi à la maison de cet injuste ravisseur. » Le bon vieillard obéit sans façon. Ils arrivèrent ainsi tous deux, après deux heures de chemin, chez le mandarin qui ne s'attendait pas à une visite si extraordinaire.

Cependant les gardes et une foule de seigneurs, après avoir long-temps couru, se rendirent à la maison de cet officier, et sans savoir encore de quoi il était question; les premiers l'entourèrent et les autres y entrèrent avec l'empereur. Ce prince interroge le mandarin, et l'ayant convaincu

1.   8

de la violence dont il était accusé, il le condamne aussitôt à perdre la tête. Après l'exécution, il se retourne du côté du père affligé, et d'un ton sérieux, il lui dit : « Pour vous dédommager de la perte que vous avez faite, je vous donne la charge du coupable qui vient de mourir. Remplissez-la avec plus de modération que lui ; profitez de sa faute et de sa punition, de peur qu'à votre tour, vous ne serviez d'exemple aux autres.

L'empereur Cang-Hi examine lui-même les docteurs examinateurs des autres.

Dans les dernières années de son règne, ce prince s'aperçut qu'il ne paraissait plus un aussi grand nombre de livres qu'autrefois, et que ceux qu'on mettait au jour, n'avaient pas le degré de perfection qu'il désirait pour la gloire de son règne, et pour mériter l'approbation de la postérité. Il jugea donc que les premiers docteurs de l'empire, jouissant paisiblement du rang auquel ils avaient été élevés, et de la réputation de savans qu'ils s'étaient acquise, négligeaient l'étude, dans l'attente des emplois lucratifs.

Voulant remédier à cette négligence, aussitôt que ces docteurs eurent examiné les prétendans au grade qu'ils possédaient, il résolut, contre la coutume, d'examiner lui-même ces savans, si fiers de leur qualité de juges et d'examinateurs des autres. Cet examen, qui excita une surprise générale, fut suivi d'un jugement qui surprit encore davantage. Plusieurs de ces premiers docteurs furent honteusement dégradés et renvoyés dans leurs provinces. Pendant cet examen extraordinaire, l'empereur s'applaudit beaucoup de ce qu'un des plus habiles lettrés de la cour, qu'il chargea d'examiner les compositions, se fût trouvé de son sentiment, et qu'il eût condamné toutes celles qu'il avait réprouvées, à l'exception d'une seule que ce mandarin ne jugea ni bonne ni mauvaise.

Marque de respect donnée par l'empereur
Cang-Hi à un vieillard, âgé de cent ans.

Un petit mandarin du tribunal des mathématiques, âgé de cent ans, se rendit
au palais, le premier jour de l'année chinoise, pour saluer l'empereur. Ce prince
qui ne recevait personne ce jour-là, ordonna
néanmoins qu'on le fît entrer dans son appartement. Comme ce bon vieillard était
assez mal vêtu, chacun s'empressa de lui
prêter un habit. L'empereur, qui était
assis sur une estrade à la manière tartare,
se leva, alla au-devant de lui, et le reçut
avec de grandes marques d'affection. Il
voulut se mettre à genoux, mais Cang-Hi
le releva aussitôt, et lui prenant les deux
mains avec bonté : « Vénérable vieillard,
lui dit-il, je vous admettrai désormais en
ma présence toutes les fois que vous vien-
drez me saluer; mais je vous avertis,
pour toujours, que je vous dispense de
toutes sortes de cérémonies. Pour moi,
je me lèverai à votre arrivée, et j'irai
au-devant de vous. Ce n'est pas à votre
personne que je rends cet honneur, mais

à votre âge; et pour vous donner une preuve réelle de mon affection, je vous nomme premier président du tribunal des mathématiques. » Ce fut pour ce vieillard le comble du bonheur; jamais il n'avait éprouvé une joie ni si vive, ni si pure.

Marche et cortége de l'empereur Cang-Hi, *allant offrir son sacrifice dans le temple du* Tien, *ou* Dieu du ciel.

Cette marche commençait par vingt-quatre tambours rangés sur deux files, et vingt-quatre trompettes. Sur la même ligne marchaient vingt-quatre hommes armés de bâtons de sept à huit pieds de longueur, couverts d'un vernis rouge et ornés d'un feuillage doré. Venaient ensuite cent soldats armés de hallebardes, dont le fer se terminait en croissant; cent massiers, dont les lances étaient vernissées de rouge, ornées de fleurs et dorées à l'extrémité; quatre cents grandes lanternes travaillées avec beaucoup d'art; autant de flambeaux faits d'un bois qui brûle long-temps, et jette une grande lumière; deux cents lances, enrichies les unes de flocons de soie de diverses couleurs; les autres de queues de

panthères, de renards et d'autres animaux ;
vingt-quatre bannières sur lesquelles on
avait représenté les signes du zodiaque,
que les Chinois divisent en vingt-quatre
parties ; cinquante-six autres bannières où
étaient figurées les cinquante-six constel-
lations auxquelles ils réduisent toutes les
étoiles ; deux cents éventails, soutenus par
de longs bâtons dorés, sur lesquels on avait
peint des figures de dragons, d'oiseaux et
d'autres animaux ; enfin, vingt-quatre parasols richement ornés, et un superbe
buffet porté par des officiers de la bouche
de l'empereur, sur lequel on avait placé
un grand nombre d'ustensiles d'or, tels
qu'aiguières, bassins, etc.

Après tout ce cortége paraissait le monarque superbement vêtu, et monté sur
un cheval richement caparaçonné. On portait à son côté un magnifique parasol d'une
circonférence assez vaste pour ombrager le
cavalier et le cheval. Il était entouré de
dix chevaux blancs que l'on conduisait par
la bride, de cent lanciers et des pages de
la chambre.

A la suite du prince s'avançaient dans le
même ordre tous les princes du sang, les

régulos, les premiers mandarins, et les seigneurs de la cour, tous en habits de cérémonie : cinq cents jeunes gens, fils de vice-rois ou de grands-mandarins, richement vêtus ; mille valets de pied en robes rouges, brodées de fleurs et d'étoiles d'or et d'argent. Immédiatement après, trente-six hommes portaient une chaise découverte, suivie d'une autre plus grande que soutenaient cent vingt porteurs. Enfin, suivaient quatre grands chariots, dont deux étaient traînés par des éléphans, et les deux autres par des chevaux couverts de housses en broderies. Chaque chaise et chaque chariot était suivi d'une garde de cinquante hommes.

Cette pompeuse marche était fermée par deux mille mandarins de lettres, et par deux mille mandarins d'armes, vêtus de magnifiques habits de cérémonie.

Autorité, politique et gouvernement de l'empereur Cang-Hi.

L'autorité ne fut jamais aussi absolue que sous ce monarque. Pendant un des plus

longs règnes qu'on eut encore vu , il ne fut
pas seulement pour les peuples de l'Asie un
objet de vénération ; son mérite et la gloire
de son règne pénétrèrent au delà de ces
vastes mers qui nous séparent de son empire , et lui attirèrent l'attention et l'estime
de toute l'Europe. C'est lui qui vint à bout
de réunir la Chine et les deux Tartaries en
un seul état , et de ranger sous sa domination une étendue immense de pays , qui
n'est coupée nulle part par les terres d'un
prince étranger. Les Tartares occidentaux
étaient les seuls qui pouvaient troubler la
tranquillité de son règne ; mais , soit par
force , soit par adresse , il les obligea de se
transporter à plus de cent lieues au delà
de la grande muraille. Après leur avoir
distribué des terres et des pâturages , il
établit les Tartares , ses sujets , dans les
endroits qu'ils avaient quittés. Enfin , il
divisa cette vaste étendue de pays en plusieurs provinces qui lui furent soumises, et
payèrent tribut : il les retint encore dans
le devoir par le moyen des *Lamas*, prêtres
que les peuples de ces contrées adorent
presque comme des divinités.

A cette politique, Cang-Hi en joignit une autre non moins adroite : au lieu d'imiter ses prédécesseurs qui, demeurant dans leur palais comme dans un sanctuaire, ne se montraient jamais à leurs peuples, il en sortait trois fois l'année pour voyager, ou pour faire des parties de chasse semblables à des expéditions guerrières.

Dès qu'il eut établi une paix solide dans son empire, il rappela les meilleures troupes des provinces où elles étaient dispersées ; et pour empêcher que le luxe et le repos n'amollissent leur courage, il prit l'habitude de se rendre tous les ans en Tartarie, et de les y exercer à des marches aussi longues que pénibles. Elles étaient armées de flèches et de cimeterres, dont elles ne se servaient que pour faire la guerre aux cerfs, aux sangliers, aux ours, aux tigres et autres bêtes féroces.

Ce grand corps d'armée, qui accompagnait l'empereur dans ses longs voyages, était divisé en compagnies, et marchait au bruit des tambours et des trompettes. Il y avait avant-garde, arrière-garde, corps de bataille, aile droite et aile gauche, que

commandaient des princes et de grands-
mandarins. On conduisait toutes les provisions et munitions nécessaires à cette armée sur des chariots, des chevaux, des
chameaux et des mulets. Il fallait camper
toutes les nuits, parce que dans la Tartarie
occidentale on ne trouve ni villes ni villages,
et que les peuples n'y habitent que sous des
tentes dressées dans les campagnes.

En tenant ainsi ses troupes en haleine,
et les Tartares dans l'obéissance, Cang-Hi
ne cessait de s'appliquer aux affaires de
l'état. Ses conseils étaient réglés ; il écou-
tait ses ministres sous une tente comme
dans son palais. Se faisant instruire de tout,
gouvernant son empire par lui-même, il
était l'âme de ce grand corps. Jamais il ne
se reposa du soin des affaires ; ni sur les
colaos, ni sur aucun des grands de sa cour,
et ne souffrit jamais que les eunuques du
palais, qui exerçaient la plus grande autorité sous les règnes précédens, eussent le
moindre pouvoir sous le sien.

CHAPITRE XVI.

Précis du règne de l'empereur Yong-Tching.

Le lendemain de la mort de Cang-Hi, le nouvel empereur, âgé d'environ quarante-cinq ans, s'assit sur le trône chinois à cinq heures du matin, et prit le nom de *Yong-Tching*. Il fut reconnu de tous les princes, de tous les grands, et des mandarins des tribunaux.

De tous ses frères, le treizième fut le seul à qui il donna sa confiance, et qu'il fit entrer dans les affaires du gouvernement. En même temps, il fit emprisonner ou exiler des princes et des seigneurs dont plusieurs protégeaient les missionnaires.

Dès la première année de son règne, il fut prévenu contre les Européens par diverses requêtes qui lui furent présentées par les lettrés. Ces fâcheuses impressions furent fortifiées par un mémoire que le

vice-roi de la province de Fo-Kien adressa
à ce monarque, pour lui représenter que
le repos de l'empire exigeait que ces étrangers fussent renvoyés des provinces, et conduits ou à la cour ou à Macao, et que leurs
temples fussent employés à d'autres usages.
Le tribunal des rits ou coutumes, auquel ce
mémoire fut renvoyé, décida qu'il fallait laisser à la cour ceux qui s'y trouvaient, et y conduire ceux des provinces qui pouvaient s'y
rendre utiles ; que tous les autres devaient
être transportés à Macao; que leurs temples
fussent transformés en maisons publiques,
et leur religion rigoureusement interdite.
Cette délibération fut confirmée par l'empereur.

En vertu de cet édit, qui fut publié
dans tout l'empire, les missionnaires furent
chassés de leurs églises, et tolérés seulement
à Péking ou à Canton. Plus de trois cents
églises furent détruites, ou converties en
usages profanes, et plus de trois cent mille
chrétiens furent privés de leurs pasteurs.

L'empereur ne tarda pas à faire sentir
tout le poids de sa colère à une illustre et
nombreuse famille qui s'était converti au

christianisme. Son chef était un prince du
sang qui descendait du frère aîné du fondateur de la dynastie régnante. Sans égard,
ni pour sa vieillesse, ni pour son rang, ni
pour les services importans qu'il avait rendus à l'Etat, l'empereur l'exila en Tartarie
avec ses enfans qui étaient au nombre de
onze princes et de seize princesses, mariées
à des princes mogols ou à des mandarins
de la capitale.

Ces princes et princesses, qui avaient
chacun une nombreuse famille, furent dégradés de leur rang, et relégués dans un
endroit désert de la Tartarie, où ils furent
gardés à vue par des soldats. On vit partir
leur vénérable patriarche, pour se rendre
au lieu de son exil, avec ses enfans, ses
petits-fils, au nombre de trente-sept, sans
compter les princesses, femmes ou filles,
qui égalaient presque ce nombre, et environ trois cents domestiques des deux sexes,
dont la plus grande partie avait reçu le
baptême.

Un traitement si dur n'ayant pas fait
chanceler ces princes dans leur foi, on les
fit venir à Péking, quelque temps après,

toujours chargés de chaînes. Ils y subirent
plusieurs interrogatoires, et on leur laissa
le choix de leur ancien rang, s'ils re-
nonçaient au christianisme, ou des supplices s'ils y persistaient. Rien ne put
ébranler leur constance, et les tribunaux
les condamnèrent à mort. L'empereur
ayant commué cette peine en une prison
perpétuelle, quelques-uns de ces princes
furent enfermés dans d'étroites prisons,
où trois moururent de besoin ; les autres
furent dispersés dans les provinces pour
y finir leurs jours sous la pesanteur des
chaînes et dans l'obscurité d'un cachot.
Néanmoins, quelque temps après, cette
malheureuse famille obtint un peu plus
de liberté.

Après un règne paisible, l'empereur
Yong-Tching mourut au mois d'octobre
1735. Il eut pour successeur son fils
Kien-Long, prince d'un caractère doux
et bienfaisant.

CHAPITRE XVII.

Autres événemens remarquables, arrivés sous le règne de l'empereur Yong-Tching. — Cérémonial qui fut observé lorsque cet empereur déclara qu'il avait fait choix d'une impératrice parmi les femmes de son palais.

Deux docteurs des plus distingués, et membres du grand conseil de l'empereur, furent chargés de faire le compliment, et de le remettre au tribunal des rits. Aussitôt qu'il eut été accepté, on se prépara à la cérémonie.

Dès le matin du jour où elle devait avoir lieu, on plaça, à la porte oriéntale du palais, une espèce de table aux quatre coins de laquelle on éleva quatre colonnes qui supportaient un pavillon. Ce petit cabinet portatif était garni de soie jaune et d'autres ornemens. A une heure déterminée, on plaça sur cette table un petit livre fort élé-

gant, où était écrit le compliment qu'on
avait composé pour l'empereur. On y avait
aussi écrit les noms des princes, des grands
et des cours souveraines qui venaient en
corps faire la cérémonie. Quelques mandarins, revêtus du costume de leur dignité,
levèrent la table et se mirent en marche.
Ils avaient été précédés par tous les princes
du sang, les régulos ou autres princes et
seigneurs de la première noblesse. Les premiers ministres de l'empire, les docteurs du
premier ordre, les présidens des cours souveraines, et les autres mandarins tartares
et chinois, tous revêtus de leurs plus beaux
habits de cérémonie, suivaient à pied sans
confusion, et selon leur grade. Un grand
nombre d'instrumens de musique formaient
un concert très-agréable pour les oreilles
chinoises. Les tambours et les trompettes
se faisaient aussi entendre en divers endroits
du palais.

Lorsque tout le cortége fut arrivé vers
une des portes intérieures du palais, les
princes se joignirent à ceux qui accompagnaient le compliment, et se mirent à leur
tête. Alors, ils marchèrent tous ensemble

jusqu'à la grand'salle d'audience. Quand ils
y furent entrés, on tira de dessus la table
portative le compliment relié en forme de
livret, et on le plaça sur une autre table
au milieu de cette salle. Cela fait, tous les
princes, seigneurs, ministres, docteurs et
mandarins se prosternèrent neuf fois devant
le trône impérial, comme si l'empereur y
eût été placé. Ils se relevèrent, se tinrent à
leur place dans le plus grand silence, et les
instrumens de musique recommencèrent à
se faire entendre. Cependant les présidens
du tribunal des rits avertissaient le premier
eunuque de la chambre, que tous les grands
de l'empire suppliaient sa majesté de venir
s'asseoir sur son trône.

Quelques instans après, ce monarque parut
et monta sur son trône. Aussitôt deux docteurs du premier ordre s'avancèrent près de
la table, et firent quelques saluts à genoux.
Lorsqu'ils se furent relevés, l'un d'eux prit
le livret, et lut d'une voix haute et distincte le
compliment que cette auguste compagnie
adressait à sa majesté. Cette lecture, qui ne
dura qu'un instant, étant achevée, les
docteurs se retirèrent à leur place, et

l'empereur rentra dans l'intérieur de son palais.

Dans l'après-midi, les princesses du sang, les autres princesses et les dames de la première qualité, se rendirent au palais avec les femmes de tous les grands-mandarins. Chacune, selon son rang et sa dignité, s'avança vers le palais de l'impératrice : elles étaient conduites par une dame de distinction, qui, dans cette circonstance, faisait à l'égard des femmes les fonctions des présidens du tribunal des rits à l'égard des hommes. Nul seigneur, nul mandarin n'osa paraître.

Lorsque toutes ces dames furent arrivées près du palais de l'impératrice, son premier eunuque se présenta. Celle qui présidait à la cérémonie s'adressant à ce personnage : « Je prie, dit-elle, très-humblement l'impératrice, de la part de cette assemblée, de daigner sortir de son palais, et devenir se placer sur son trône. » Les femmes ne portaient point leur compliment dans un petit livre, comme on avait fait pour l'empereur ; mais elles présentèrent une feuille d'un papier particulier, sur laquelle le com-

pliment était écrit, au milieu de différens
ornemens. L'impératrice sortit de son appartement, et s'assit sur un trône, élevé
dans une salle de son palais.

Après que le compliment eut été offert
à cette princesse, toutes les dames firent
d'abord deux révérences. Le salut des
femmes chinoises se fait comme celui des
femmes de l'Europe. Cette révérence s'appelle *van fo*. *Van* signifie dix mille, et *fo*
bonheur : *van fo* toutes sortes de bonheur.
En la faisant les femmes ne disent rien.

Après ces deux révérences, les dames
se mirent à genoux, et frappèrent une fois
seulement la terre de leur front, ainsi que
le tribunal des rits l'avait prescrit. S'étant
relevées, elles se tinrent debout toujours
dans le même ordre et dans le plus grand
silence, pendant que l'impératrice descendait de son trône, et se retirait dans
son appartement.

Libéralités de l'Impératrice en faveur des vieilles Femmes.

Lorsque l'impératrice, épouse de l'empereur, eut été publiquement reconnue, elle fit, selon la coutume, ses libéralités à toutes les femmes de l'empire, âgées de plus de soixante-dix ans. Yong-Tching en donna l'ordre qui fut adressé au vice-roi de chaque province, et par celui-ci aux gouverneurs des villes du second et du troisième ordres. Il fut exécuté de la manière suivante : on fit trois classes de ces vieilles femmes. Dans la première, furent comprises celles qui avaient de soixante-dix à quatre-vingts ans ; dans la seconde, celles de quatre-vingts à quatre-vingt-dix ; et dans la troisième, celles de quatre-vingt-dix à cent ans et au-dessus. Les présens de l'impératrice suivirent cette différence d'âge. Ils consistaient en plusieurs pièces de toile de coton, et quelques mesures de riz.

Lorsque les mandarins eurent reçu par les vice-rois les ordres de la cour, chacun d'eux les fit publier dans l'étendue de son gouvernement. Les pièces de toile et le riz furent ensuite distribués à toutes les femmes, de quelques qualité et condition qu'elles fussent, soit qu'elles se présentassent elles-mêmes, soit que leurs parens tinssent leur place. Elles ou leurs remplaçans devaient être munis d'une déclaration par laquelle le capitaine de leur quartier ou leurs voisins certifiaient qu'elles avaient l'âge requis pour être admises à la distribution. Celles qui sous la précédente impératrice avaient participé à ses largesses, n'avaient pas besoin d'un nouveau certificat.

Tout se fit aux dépens de l'empereur. Après la distribution, les gouverneurs des villes dressèrent un rôle exact du nom et de l'âge de toutes les femmes qui avaient reçu les bienfaits de l'impératrice, des pièces de toile, des mesures de riz et des sommes qui avaient été dépensées. Ces rôles furent envoyés aux vice-rois, et ceux-ci les expédièrent pour la cour souveraine des aides de Péking.

La gazette officielle, qui s'imprime dans

cette ville, pour être envoyée dans toutes
les provinces de l'empire, fit mention,
quelque temps après, du mémoire que le
vice-roi de la province de Chan-Tong avait
envoyé à l'empereur au sujet de cette largesse impériale. Le nombre des femmes
au-dessus de soixante-dix ans était de
quatre-vingt-dix-huit mille deux cent
vingt-deux; celles de quatre-vingts et plus
étaient au nombre de quarante mille huit
cent quatre-vingt-treize; et celles qui
avaient plus de quatre-vingt-dix ans, à
celui de trois mille quatre cent cinquante-
trois.

Si le nombre des vieilles femmes était
si grand dans la seule province de Chan-
Tong, qui n'est pas des plus étendues,
quel était donc celui des femmes des
autres provinces? Qu'aurait-il donc encore
été, si l'on y avait ajouté toutes les femmes
du même âge qui n'avaient point de part
à cette distribution, parce qu'appartenant
à des familles de distinction, ou qui se
trouvaient alors en charge, elles auraient
rougi d'envoyer leur nom, et de recevoir

un secours qui s'accordait préférablement
aux pauvres ?

Si le nombre des femmes âgées était si
grand, que doit-on penser de la somme
que l'empereur fit distribuer dans cette
occasion ? Ce ne serait pas exagérer que
de l'évaluer à cent millions au moins de
notre monnaie.

Tel fut le bienfait que l'épouse de
Yong-Tching, quelque temps après qu'elle
eut été déclarée impératrice, accorda aux
femmes âgées de l'empire le plus peuplé
de la terre. L'empereur, dès la première
année de son règne, avait honoré les
vieillards d'une semblable gratification.
C'était ainsi que ces deux têtes couronnées
inspiraient, par leur exemple, à tout le
peuple chinois le profond respect qu'on
doit témoigner à la vieillesse. Ce respect
est porté si loin à la Chine, que si un
homme ou une femme passe cent ans,
l'empereur ordonne qu'on élève devant
la maison de sa famille une espèce d'arc
de triomphe et un monument de pierre
sur lequel on grave une inscription en son

honneur ; et même si un homme mérite
la mort, ce prince va jusqu'à lui accorder
la vie , afin qu'il nourrisse ses parens dans
leur vieillesse.

Un fils demande la faveur de mourir à la place de sa mère.

Deux femmes se battirent dans le district de la ville de *Y-Hoang*. L'une
s'appelait *Vang*, et l'autre *Tchang*. Elles
demeuraient dans le même village , et
étaient voisines. La première prit la paille
de son lit et l'exposa au soleil pour dis-
siper l'humidité qu'elle avait contractée
dans le temps des pluies. Non contente de
l'étendre devant sa porte , elle l'étendit
encore devant la maison de sa voisine.
Celle-ci le trouve mauvais, se met à crier,
prend cette paille et la jette de l'autre
côté. La femme *Vang* sort de chez elle
transportée de fureur , court sur *Tchang*
et lui donne un coup de tête dans le sein.
Elles se prirent ensuite aux cheveux et
se battirent avec tant d'acharnement, que
Vang mourut le jour suivant des coups

qu'elle avait reçus. Selon la loi, la femme *Tchang* devait être étranglée, comme coupable de meurtre : aussi fut-elle condamnée par le vice-roi à mourir par ce supplice.

Cette malheureuse avait un fils âgé de dix-huit ans. Ce jeune homme, désolé de la sentence portée contre sa mère, courut se présenter à tous les tribunaux, et demanda avec les plus vives instances qu'il lui fût permis de mourir à la place de celle qui lui avait donné le jour, et dont la vie était nécessaire à un autre fils plus jeune que lui. Cette démarche, dictée par l'héroïsme de la piété filiale, fut sans succès. Le tribunal des crimes approuva le jugement du vice-roi. L'empereur confirma la sentence de mort, en donnant des éloges à la tendresse du fils, et en parlant de la mère comme d'un monstre dont il fallait au plus tôt délivrer la terre. *Deux femmes se battre !* ajouta ce prince; *une femme tuer une autre femme ! On ne peut y penser sans horreur. Il ne faut pas qu'un tel crime reste impuni.*

*Délibération du souverain tribunal des rits,
en faveur d'une fille qui avait préféré la
mort à la perte de la chasteté, adressée
à l'empereur Yong-Tching.*

« Conformément à l'ordre que votre majesté a fait publier partout l'empire, d'ériger des monumens en l'honneur des veuves,
des femmes et des filles qui se seraient illus-
trées par leur continence, leur respect envers leurs parens, par leur amour pour la
pureté, le tsong-tou et le vice-roi de la
province de Cantong représentent que,
dans la ville de *Seiuhoei,* une jeune fille,
nommée *Léang,* s'est distinguée autrefois
par une insigne chasteté, au point de donner sa vie pour la conserver. Cette fille était
d'un naturel aimable, d'une grande droiture et d'une rare beauté. La quinzième
année du règne de Cang-Hi, des pirates,
ayant fait une descente sur la côte, voulurent user de violence envers cette vertueuse fille. Elle résista, et ne consentit
point à leur infâme dessein. Ils la firent
prisonnière, et l'emmenèrent pour leur
servir d'esclave. Forcée de passer sur la

barque, elle eut la fermeté de ne jamais
leur permettre la moindre action indécente
sur sa personne ; au contraire, elle ne répondit à ces scélérats que par des reproches
et des injures ; et dans un moment où ils
lui avaient laissé quelque liberté, elle se
précipita dans la mer.

« Après avoir examiné les renseignemens
qu'on nous a envoyés à ce sujet, nous
avons pensé qu'une si grande vertu méritait d'être récompensée, et que perdre la
vie plutôt que la virginité, est un exemple
qui, pour être imité, a besoin d'être connu.
C'est pourquoi, conformément aux coutumes de l'empire et aux ordres de votre
majesté, nous décidons qu'on élèvera en
l'honneur de cette jeune fille un arc de
triomphe, et un monument de pierre sur
lequel sera gravée cette glorieuse action,
pour en conserver un éternel souvenir. Si
votre majesté le juge à propos, nous aver-
tirons le gouverneur du lieu de prendre
dans le trésor impérial trente onces d'argent pour cet objet. »

Autre délibération du même tribunal au sujet d'une femme qui avait donné la preuve du plus tendre attachement pour son mari.

« Le vice-roi de la province de Tche-Kiang nous a avertis du fait suivant : Dans la ville de Vouy, une fille nommée *Tchao*, âgée de dix-sept ans, avait épousé un jeune homme qui s'appelait *Sin-Ouen-Yuen*. Un mois après le mariage, celui-ci devint infirme, et son infirmité dura trois ans. Dans le cours de sa maladie, il fut heureux d'avoir une épouse vertueuse auprès de lui. Elle voulut toujours le servir elle-même ; elle était assidue auprès de son lit, ne se donnait pas un moment de repos, préparait elle-même les remèdes, les lui présentait, et ne le quittait, ni jour ni nuit. Elle ressentait les douleurs de son époux comme si elles eussent été les siennes propres. Tous les voisins ont été témoins de ce généreux dévouement et l'attestent dans une requête commune. Lorsque cette excellente femme vit son mari en danger de mort, elle représenta son affliction au

Dieu du ciel, et dans une ardente prière, elle le conjura de lui ôter la vie pour conserver celle d'un époux si chéri. Celui-ci étant mort, elle ne put lui survivre; quelques jours après, elle expira de douleur. Un si grand exemple, et beaucoup d'autres, annoncent l'excellence du gouvernement de votre majesté. Ainsi nous jugeons que la mémoire d'une épouse si vertueuse doit être honorée par un monument qui puisse aussi servir à encourager les personnes de son sexe à l'imiter. »

On érigea aussi un monument en l'honneur d'une fille qui voyant son grand-père et sa grand-mère hors d'état, par leur vieillesse, de se passer de ses soins, renonça au mariage, et employa ses plus beaux jours à leur procurer tous les soulagemens nécessaires et qui dépendaient d'elle.

CHAPITRE XVIII.

Ambassade portugaise auprès de l'empereur Yong-Tching, en 1727. Détails à ce sujet.

———

Les ambassades européennes auprès des monarques chinois sont des événemens si rares, et sont accompagnées de circonstances si singulières, que nos lecteurs ne liront pas sans intérêt celle dont nous allons leur faire le récit.

Dom Alexandre Métello de Souza de Ménésès, ambassadeur du roi de Portugal, arriva à Macao avec le jésuite Antoine Magalhaens que l'empereur *Cang-Hi* avait envoyé en Europe quelques années auparavant. Cet ambassadeur eut d'abord des difficultés à essuyer de la part des mandarins de Canton, qui dépêchèrent aussitôt des exprès pour s'informer de sa personne, du sujet de son voyage, des présens qu'il

apportait et des gens qui composaient sa
suite. Après les plus exacts renseignemens,
ils instruisirent la cour de son arrivée par la
voie du tribunal des rits. Le Père Magalhaens le précéda à Péking, et disposa tout
pour son arrivée dans cette capitale de l'empire. Dom Métello s'embarqua sur le grand
fleuve *Kiang*, et reçut sur toute sa route
les plus grands honneurs, conformément aux
ordres que les mandarins des villes avaient
reçus de l'empereur. A neuf lieues environ
de Péking, il descendit de sa barque où l'on
avait conduit quarante chevaux qu'il avait
fait acheter, avec les équipages qu'il avait
souhaités pour faire son entrée dans cette
ville. Elle eut lieu le 18 mai 1727. Le gou-
verneur-général de Péking avait fait débar-
rasser les rues, et posté de tous côtés des
gardes pour empêcher le tumulte. La foule
du peuple était immense. Ce qui surprit le
plus les Chinois, ce fut la quantité de cru-
zades que l'ambassadeur leur fit jeter pendant toute sa marche, et en retournant à
son hôtel après sa première audience.

Comme le régulo, treizième frère de
l'empereur, et dépositaire de toute sa con-

fiance, était alors à sa campagne, ses missionnaires prièrent le grand-maître du palais impérial d'avertir sa majesté de l'arrivée de l'ambassadeur. Il le fit aussitôt et eut
à répondre à beaucoup de questions. « Quel
homme est-ce que cet ambassadeur? demanda l'empereur; quel est son génie, son
caractère? quel rang tient-il auprès du roi,
son maître? qui l'envoie ici? » Le grand-
maître, qui avait prévu toutes ces questions,
y répondit d'une manière satisfaisante.

Ce fut le 28 mai, qu'après avoir surmonté bien des difficultés relatives au cérémonial, dom Métello de Souza eut sa
première audience de l'empereur. Vers les
sept heures et demie du matin, il sortit à
cheval avec son cortége, et entra par la
porte du Midi jusqu'à la salle du conseil, où
on lui donna à dîner et à toutes les personnes de sa suite. Deux mandarins du premier ordre lui tinrent compagnie. De là il
passa à une autre salle, où l'empereur lui
fit dire de faire entrer avec lui deux de ses
officiers. La marche eut lieu de cette manière. Deux mandarins de la cour précédaient; un assesseur du tribunal des rits et

un missionnaire les suivaient. L'ambassadeur venait ensuite, portant à deux mains
la lettre du roi, son maître. Il était suivi de
deux gentilshommes de sa suite que conduisait un mandarin. On marcha dans cet ordre
et en silence jusqu'à la salle impériale, dont
le perron était bordé de chaque côté de deux
rangs de mandarins en habits de cérémonie.
La salle était remplie des grands de l'empire, assis des deux côtés sur quatre lignes.
L'empereur était assis sur son trône, placé
dans le milieu. L'ambassadeur entra par
la porte occidentale, et, conduit par l'assesseur, il monta les degrés du trône, se mit à
genoux, et présenta la lettre du roi. L'empereur la reçut et la remit à un mandarin,
qui la prit entre ses mains et la tint toujours
élevée jusqu'à la fin de l'audience. L'ambassadeur se leva, et, retournant sur ses
pas, il sortit par la même porte et alla se
placer devant celle du milieu, qui était aussi
ouverte. Ce fut là et sur le perron qu'il fit
avec ceux de sa suite les neuf saluts, en se
frappant la tête contre terre. Il fut ensuite
conduit jusqu'au pied du trône au-dessus
de tous les grands, dans l'endroit où l'on

1. 9*

avait fait porter son coussin. Quand il fut
arrivé à sa place, l'empereur lui fit dire de
s'asseoir, et donna ordre qu'on lui servît du
thé.

Un instant après, il se mit à genoux sur
son coussin, et adressa à l'empereur un discours en portugais, qui fut interprété par
un missionnaire. Le monarque répondit
avec dignité et d'un air satisfait : « L'empereur, mon père, après m'avoir instruit
pendant quarante ans, m'a fait monter sur
le trône. J'ai toujours tâché de l'imiter dans
sa manière de gouverner l'empire, mais
surtout dans l'affection qu'il avait pour les
étrangers, que j'ai toujours traités favora-
blement. Personne n'ignore que je ne les
distingue pas de mes propres sujets. Le roi
de Portugal, suivant les mouvemens de son
bon cœur, vous a envoyé ici de fort loin.
Comment se porte-t-il ? — Sa santé est fort
bonne, répondit l'ambassadeur. — Vous
avez eu beaucoup à souffrir pendant un si
long voyage ; comment vous portez-vous,
vous-même ? » Dom Métello de Souza fit
une profonde révérence, et répondit qu'a-
près un si long voyage, il avait ressenti quel-

ques incommodités, mais que, par les ordres
de sa majesté, depuis Canton jusqu'à Péking, on lui avait rendu de si grands honneurs et on l'avait si bien traité, qu'il avait
été bientôt guéri, et que le bonheur de voir
un si grand prince lui faisait entièrement
oublier toutes ses fatigues passées. L'empereur l'interrompit pour lui faire boire du
thé, ainsi qu'à toutes les personnes de sa
suite ; après quoi il le congédia. A peine cet
ambassadeur était-il sur le seuil de la porte,
qu'il entendit ce monarque dire aux grands
qui l'entouraient : « Cet homme est agréable et poli. » En effet, tout s'était passé à
cette audience avec une égale satisfaction
de part et d'autre.

Le 7 juin, l'ambassadeur se rendit à la
maison de campagne de l'empereur pour
offrir à ce prince les présens du roi de Portugal. Ces présens étaient fort beaux, et les
caisses qui les contenaient, étaient si bien
décorées en dehors et en dedans, qu'on les
porta devant l'empereur sans les vider. Ce
fut après le dîner de l'ambassadeur qu'elles
lui furent présentées. Après avoir vu ces
présens, le prince envoya les deux grands-

mandarins, qui avaient assisté au dîner de
l'ambassadeur, lui dire que la coutume de
la Chine était de ne recevoir qu'une partie
de ce qui était offert. « Ce qui me fait de la
peine, dit-il, c'est de voir que le roi de Portugal en agit avec la meilleure volonté du
monde. Voilà trop de présens; il n'y a pas
moyen de tout recevoir. »

L'ambassadeur répondit aux mandarins
que le roi, son maître, avait cru offrir
bien peu de chose, eu égard à la haute estime qu'il faisait de sa majesté; qu'il aurait
fait bien davantage, si la grande distance
entre les deux états l'avait permis, et
qu'il serait très-mécontent, si l'empereur
renvoyait la moindre partie de ce qui lui
avait été présenté de sa part, et que c'était
la coutume en Europe de recevoir tout ce
qu'on offrait.

Les mandarins ayant rendu à l'empereur
un compte exact de cet entretien, ce monarque parut revenir entièrement du soupçon où il était que l'ambassadeur ne voulût
lui parler en faveur de la religion chrétienne. Il ordonna donc à des mandarins de
lui porter désormais de deux en deux jours

des mets de sa table ; ce qui n'avait pas encore eu lieu. Quelques jours après , il lui envoya un présent de mille taëls , ou cinq mille cinq cents francs, en lui faisant dire que ce n'était pas qu'il crût qu'un ambassadeur manquât d'argent, mais qu'il voulait l'honorer comme un hôte venu de loin , et qui d'ailleurs devait acheter des curiosités du pays pour les porter en Europe.

Quelques jours après , Dom Métello de Souza alla remercier sa majesté , après en avoir obtenu la permission. Il fut traité à dîner comme la première fois. On le promena ensuite sur les canaux dans une barque élégante pour lui faire voir les jardins du palais. Il soupirait de temps en temps et disait : « A quoi bon tous ces honneurs, s'il ne m'est pas permis de parler en faveur de la religion ? » Il savait bien qu'on était déterminé à ne le pas écouter sur cet article, et que, s'il en parlait, il exposerait les missionnaires à être renvoyés avec lui. Pendant tout le reste du mois de juin et le commencement de l'autre , il n'eut plus rien à faire que d'assister aux

fêtes qu'on lui donnait fréquemment , et
d'attendre qu'on eût préparé dans le palais
les magnifiques présens que l'empereur
voulait envoyer au roi de Portugal. Pendant cet intervalle, on ne vit aucun de
ses gens abuser de la liberté qu'on leur
avait accordée, contre l'usage, de sortir de
leur maison et de parcourir les quartiers de
la ville , comme ils le jugeaient à propos.
Il était d'ailleurs généreux et récompensait
libéralement ceux qui lui apportaient des
présens de la part de l'empereur.

Le 7 juillet, il reçut ordre de se rendre
sur le soir, pour éviter la chaleur, à
Yuen-Ming-Yuen, et de passer la nuit
dans la maison d'un prince, voisine de celle
de l'empereur, afin de se trouver le lendemain matin en état de venir prendre son
audience de congé. Il la prit effectivement
à six heures. Il n'y avait dans la salle que
deux ou trois ministres ou grands-mandarins. L'escalier était rempli d'officiers en
habits de cérémonie, pour servir le vin et
les tables de fruits. On voyait dans la gale-
rie deux troupes de musiciens et de joueurs
d'instrumens. La tente jaune , en forme de

pavillon, avait été dressée. L'ambassadeur
arriva avec les gens de sa suite et le missionnaire qui lui servait d'interprète, et attendit au bas de l'escalier de la grande salle
dont toutes les portes étaient ouvertes, que
l'empereur vînt se placer sur son estrade,
faite en forme de petit trône. Le son des
tambours, des trompettes et de plusieurs
autres instrumens de musique donna le si-
gnal de son arrivée. L'ambassadeur monta
aussitôt l'escalier, et entra dans la salle avec
sa suite. On le fit asseoir sur un coussin, et
tous les autres se tinrent debout. Les officiers de l'empereur portèrent à ce prince le
vin en cérémonie. Quand il eut bu, on lui
présenta une coupe d'or; il la prit des deux
mains, et en même temps trois grands-mandarins conduisirent l'ambassadeur au pied
du trône. L'empereur lui présenta la coupe,
en disant : « Buvez tout, si vous pouvez :
sinon, faites comme vous jugerez à propos.»
Dom Métello reçut à genoux la coupe des
mains de sa majesté; et, après avoir bu un
peu de vin et remercié le monarque, il fut
reconduit à sa place, où on l'invita à man-

ger des fruits dressés en pyramides sur des
tables fort élevées.

L'empereur lui demanda ensuite si son
pays était aussi chaud que la Chine, et, d'a-
près sa réponse, qui portait que le royaume
de Portugal avait la même latitude que
plusieurs endroits de cet empire, et qu'on
y éprouvait de grandes chaleurs, « lorsque
vous vous en retournerez, reprit ce prince,
précautionnez-vous bien contre les chaleurs
de ces pays-ci, afin que vous puissiez arriver en parfaite santé dans votre royaume.
Le roi qui vous a envoyé de si loin connaît
le mérite de ceux qu'il emploie. Il vous a
choisi pour une commission dont vous vous
êtes parfaitement bien acquitté. Dites-lui
bien que je me suis informé de sa santé. »
L'ambassadeur répondit qu'il n'avait garde
d'y manquer, et qu'en même temps il ren-
drait compte au roi, son maître, des grâces
et des honneurs dont il avait été comblé
depuis son arrivée à la Chine. « Mais,
ajouta-t-il, la plus agréable nouvelle que
je puisse lui apprendre après celle de la
bonne santé de votre majesté, c'est l'assu-

rance que votre majesté m'a donnée dans
sa première audience, qu'elle traitera les
Européens de la même manière que l'empereur, son père, les a traités, et qu'elle
honorera toujours de sa protection les
habitans de Macao et les autres Portugais
qui demeurent dans son empire. » L'empereur ne répondit à ces dernières paroles
que par un signe de tête.

L'ambassadeur ayant supplié sa majesté
de déterminer le jour de son départ : « Je
le ferai, répondit l'empereur ; mais aujour-
d'hui, je ne vous ai appelé que pour vous
divertir. Comme il fait très-chaud, il vous
sera plus commode d'aller dans un endroit
plus frais, où j'ai ordonné qu'on vous fît
manger avec les grands et qu'on vous
donnât la comédie. » L'ambassadeur se
levant pour faire ses révérences, l'empereur lui dit encore : « Le plus tôt que
vous pourrez retourner dans votre royaume
sera le mieux, pourvu que vous y arriviez
en bonne santé. N'oubliez pas de demander
de ma part à votre maître comment il se
porte, et de lui dire que je suis content. »

Au sortir de cette audience, on régala

l'ambassadeur et toute sa suite. Il reçut
quelques curiosités de la part de l'empe.
reur; et comme il prenait la route de Péking, on lui montra trente-cinq coffres qui
étaient destinés pour le roi, et sept pour
lui. Ce fut alors qu'il apprit que son départ
avait été fixé au 12 juillet pour le plus tôt,
et au 16 pour le plus tard.

Cependant l'empereur fit sa réponse à la
lettre du roi de Portugal. Dom Métello de
Souza avait averti les mandarins du tribunal des rits, qu'il ne la recevrait point si
elle n'était écrite d'égal à égal. Comme on
ne change point à la Chine les formules
ordinaires, il est probable que cet ambassadeur fut obligé de s'y conformer, ainsi
qu'il avait fait pour le cérémonial des au-
diences. En attendant son départ, il fut
occupé à recevoir et à faire des présens.
Il se rendit encore une fois au palais pour
remercier l'empereur, quoique ce prince
n'y fût pas. On lui fit encore, ainsi qu'à
toutes les personnes de sa suite, des présens d'argent et de soieries.

Le 14, deux grands-mandarins vinrent
de la part de l'empereur lui dire le der-

nier adieu. Ils avaient ordre de l'accompagner jusque sur sa barque, et de l'y bien
régaler. Le 16, ils se rendirent avant lui
sur une barque particulière qui les attendait à sept lieues de Péking, sur le grand
canal. A son arrivée, ils l'invitèrent à y
passer pour assister à un magnifique sou-
per que lui avaient préparé les cuisiniers de
l'empereur. Toutes les personnes de l'ambassade furent traitées sur une autre
barque. Le lendemain matin, les deux
mandarins s'en retournèrent à Péking.

Dom Métello de Souza, malgré les difficultés qu'il avait éprouvées dans son ambassade, sut parfaitement soutenir par sa profonde habileté l'honneur du roi, son maître,
et de toute l'Europe, aux yeux d'une cour
qui, jusqu'alors, n'avait parlé que de tri-
buts et de tributaires, toutes les fois qu'elle
avait reçu des ambassadeurs par l'intermé-
diaire des grands tribunaux. Il avait su
faire à ce sujet des déclarations qu'on y
avait toujours regardées comme imprati-
cables. Il montra la justice de ses préten-
tions par la magnificence avec laquelle il
parut. Sa suite était nombreuse, et la ri-

chesse des habits de ceux qui la composaient, surprit la cour elle-même, et excita
l'admiration des habitans de Péking. Les
Chinois n'avaient pas encore vu un si grand
nombre d'étrangers qui représentassent
avec autant d'éclat la grandeur des princes
de l'Europe. Aussi aucun n'avait encore
été reçu et traité à la Chine avec autant
de distinction que M. de Souza. Yong-
Tching lui fit rendre dans les provinces et
à la cour des honneurs singuliers et entièrement inusités.

CHAPITRE XIX.

Evénemens mémorables du règne de Kien-
Long, *quatrième Empereur de la dernière
dynastie.*

Dès son avènement au trône, le nouvel empereur donna ordre au tribunal des princes
de faire la recherche des princes du sang,
dégradés et exilés depuis long-temps en divers lieux, et de les rétablir dans leur premier état. Il rendit aussi la liberté à plusieurs

autres princes, ses oncles, qui avaient été
enfermés par les ordres de son prédécesseur. Quand ces nouvelles furent devenues
publiques, tout le peuple de Péking applaudit au bon naturel et à l'humanité de l'empereur, et pendant plusieurs jours, les éloges qu'on faisait de la bonté de son cœur
furent la matière de tous les entretiens. Les
bienfaits du prince, répandus sur un grand
nombre de personnes, excepté sur les bonzes,
firent espérer aux missionnaires leur réta-
blissement et celui de la religion. Ils se
trompèrent, et leurs ennemis obtinrent que
la persécution fût renouvelée contre tous
ceux qui avaient embrassé la foi chrétienne.
Dans cette circonstance, plusieurs fidèles
Chinois prouvèrent par leur patience dans
les châtimens qui leur furent infligés, leur
attachement aux vérités dont ils avaient été
instruits.

Les missionnaires ne se découragèrent
pas. Ils dressèrent un mémoire qui fut remis au père Castiglione, peintre de l'empereur. Lorsque ce prince vint à son ordinaire s'asseoir auprès de lui pour le voir
peindre, ce religieux quitta son pinceau, et,

prenant tout à coup un air triste et interdit,
il se mit à genoux, prononça quelques paroles entrecoupées de soupirs, et tira de son
sein le mémoire enveloppé de soie jaune.
L'empereur l'écouta tranquillement et lui
dit avec bonté : *Je n'ai pas condamné votre
religion, j'ai défendu seulement à mes sujets de l'embrasser.* En même temps, il fit
signe aux eunuques de recevoir le mémoire;
se tournant ensuite vers le Père Castiglione,
il ajouta : *Je le lirai, soyez tranquille, et
continuez de peindre.* Cette démarche des
missionnaires n'eut pas tout le succès qu'ils
en attendaient, mais elle servit du moins à
ralentir la persécution contre les chrétiens
chinois jusqu'en 1746, année où elle se renouvela avec plus de rigueur que jamais.

L'empereur, excité par un rapport que
lui adressa le vice-roi de la province de Fo-
Kien, fit rechercher avec soin tous les missionnaires qui, sous le règne de son père ou
le sien, étaient rentrés dans la Chine. Il ne
se contenta pas de les chasser de l'empire,
il en condamna cinq à la peine de mort avec
un de leurs catéchistes. Pendant qu'on examinait à Péking la sentence portée contre

eux par le vice-roi, le Père Castiglione, peintre de l'empereur, eut avec ce prince un entretien que nous allons rapporter.

Ce fut *Kien-Long* qui le commença à l'occasion de la maladie du Père Châlier, missionnaire. Ce prince se rendit à son ordinaire dans l'appartement où le Père Castiglione était occupé à peindre des portraits. — «Espérez-vous, dit l'empereur, conserver le Père Châlier? — Notre espérance est bien faible, répondit le missionnaire. — N'avez-vous pas ici quelques médecins européens? — Nous n'en avons pas. — Pourquoi n'en avez-vous pas? — Parce qu'il est trop difficile d'en faire venir de si loin; mais nous avons deux habiles chirurgiens. — Il est plus aisé de devenir habile dans la chirurgie, parce que les maladies qu'elle traite sont extérieures. Mais, dis-moi, vous autres chrétiens, priez-vous votre Dieu pour le malade? lui demandez-vous qu'il le guérisse? — Oui, seigneur, nous l'en prions tous les jours. — D'où vient donc que vous n'obtenez pas sa guérison? — Notre Dieu est tout-puissant. Il peut nous l'accorder; mais il vaut peut-être mieux qu'il ne nous l'accorde pas, et nous ne cessons point de nous résigner à sa volonté. — Dis-moi, les chrétiens craignent-ils la mort? — Ceux qui ont bien vécu ne la craignent pas, mais ceux qui ont mal vécu la craignent beaucoup. — Comment savoir si l'on a bien ou mal vécu? — On le sait par le témoignage de sa conscience. »

Après ces questions et ces réponses, l'empereur adressa la parole à un peintre chinois : « Dis-moi la vérité, toi; je te vois depuis long-temps avec les Européens; as-tu embrassé leur religion? avoue-moi franchement si tu es chrétien. — Je n'ai garde, répondit le Chinois, de donner dans cette religion. On m'a souvent exhorté à me faire chrétien; mais l'incarnation d'un Dieu est un point qui m'a toujours arrêté. — C'est un mystère qui se peut expliquer, reprit le Père Castiglione. — Eh! comment! demanda l'empereur. — Dieu, par sa toute-puissance, a formé un corps dans le sein d'une vierge; il a uni une âme à ce corps, et ce corps et cette âme ont été unis à sa divinité. Je ne saurais bien dire tout ce que je voudrais; mais ce mystère est

développé dans nos livres de religion. —
C'est parce que tu ne sais pas lire les livres
européens, que tu ne t'es pas fait chrétien,
dit l'empereur au peintre chinois. — Permettez-moi, seigneur, reprit le Père Castiglione, permettez-moi de vous dire, seigneur, que nous avons des livres en caractères chinois, où le mystère de l'incarnation
est expliqué. — Mêle-toi de faire tes peintures, répliqua l'empereur. » Le même
jour, ce prince envoya son premier médecin
au Père Châlier.

La persécution, qui avait pris naissance
dans le Fo-Kien, s'étendit bientôt dans la
province de Nanking, celle de tout l'empire
où l'on comptait un plus grand nombre de
chrétiens. Deux missionnaires furent étran-
glés, et plusieurs chrétiens chinois condamnés à l'exil.

*L'empereur Kien-Long fait célébrer avec
une grande solennité la soixantième année de la vie de sa mère, en 1752.*

Quelques mois avant que cette princesse eût atteint cet âge, tous les tribunaux
de la capitale, tous les vice-rois et grands-

1.

mandarins de l'empire eurent ordre de se
préparer à la célébration de la fête dont
elle devait être l'objet. Tous les peintres,
sculpteurs, architectes et menuisiers de
Péking et des provinces voisines ne ces-
sèrent d'être occupés, pendant plus de trois
mois de suite, à faire des chefs-d'œuvre de
leur métier. Il s'agissait de faire une construction capable de charmer les yeux d'une
cour délicate et voluptueuse, accoutumée à
voir les plus beaux ouvrages des quatre parties du monde. Les décorations devaient commencer à une des maisons de plaisance de
l'empereur, et se terminer au palais impérial
de Péking, qui en est éloigné de quatre lieues.

Il y a deux chemins pour aller de l'un
de ces palais à l'autre. L'empereur décida
que la marche aurait lieu le long de la
rivière préférablement au chemin ordinaire. Comme c'était l'hiver, et que cette
rivière était gelée, il fut convenu qu'on
se servirait de traîneaux. Des deux côtés
du fleuve s'élevaient des bâtimens de différentes formes, dorés, peints et embellis
dans le goût le plus brillant du pays. Dans
les uns on voyait des chœurs de musiciens,

dans les autres des troupes de comédiens,
et dans un grand nombre il y avait des ra-
fraîchissemens et des siéges magnifiques
pour l'empereur et sa mère.

Dans la ville où est située la maison de
plaisance, le spectacle était encore plus
beau. Depuis la porte du couchant, par où
la cour devait entrer, jusqu'à celle du palais, ce n'étaient que bâtimens superbes,
péristiles, pavillons, colonnades, galeries,
amphithéâtres ornés de trophées et autres
ouvrages d'architecture chinoise. Tout cela
était embelli de festons, de guirlandes et
de plusieurs autres décorations de ce genre.
L'or, les diamans imités et autres pierreries de différentes couleurs y brillaient de
tous côtés. Une grande quantité de miroirs
d'un métal fort poli multipliaient d'un côté
les objets, et de l'autre les rassemblaient
en miniature pour en former un tout vraiment enchanteur.

Ces brillans édifices étaient interrompus
de temps en temps par des montagnes et
des vallons factices qui imitaient la nature,
et qu'on eût pris pour d'agréables solitu-
des. On y avait pratiqué des ruisseaux et

des fontaines, planté des arbres et des ar-
brisseaux, auxquels on avait attaché des si-
mulacres de bêtes fauves dont les attitudes
étaient si naturelles, qu'on eût dit qu'elles
étaient animées. Sur la cime et sur le penchant de quelques-unes de ces montagnes,
on voyait de petits temples de bonzes avec
leurs idoles. Dans d'autres endroits, on remarquait des vergers et des jardins où il y
avait des treilles avec leurs raisins, de différens degrés de maturité, et toutes sortes
d'arbres qui portaient des fruits et des
fleurs de toutes les saisons de l'année. On
ne les distinguait pas des véritables, quoiqu'ils fussent artificiels.

Ce n'est pas tout : on avait distribué, de
distance en distance sur le passage, des
lacs et des bassins avec leurs poissons et leurs
oiseaux aquatiques de plusieurs espèces.
Ailleurs, on voyait des enfans qui, déguisés en singes et autres animaux, exécutaient
entre eux des rôles qu'on leur avait appris.
Comme c'était avec la peau même des animaux qu'ils représentaient, qu'on les avait
habillés, il était aisé de s'y méprendre.
D'autres enfans, travestis en oiseaux, en

jouaient le personnage sur des colonnes ou
sur des pieux fort élevés, et dont la couverture de soie cachait des hommes occupés à faire mouvoir ces automates. On avait
placé en d'autres lieux des fruits énormes
où des enfans étaient renfermés. Ces fruits
s'ouvraient de temps en temps et laissaient
voir aux spectateurs ce qu'ils renfermaient.
Des chœurs de musique, des troupes de
comédiens, bateleurs et autres, placés de
distance en distance, s'efforçaient de montrer leurs talens, soit pour plaire à l'empereur et à sa mère, soit pour entrer au service de quelques-uns des princes et des
grands de l'empire.

Quand les ouvrages commencèrent à avoir
quelque forme, il fut rigoureusement défendu à toutes personnes de quelque condition qu'elles fussent, de faire usage de la
pipe le long des rues nouvellement décorées.
Cette précaution était nécessaire pour prévenir les incendies. Quelques semaines
avant le jour de la cérémonie, il fut arrêté
que les rues seraient partagées en trois,
afin que les gens de pied et les cavaliers,
les allans et les venans pussent jouir à leur

aise de ce spectacle. Le milieu de chaque
rue, qui était beaucoup plus large que les
deux côtés, était réservé aux cavaliers et
aux équipages; l'un des côtés à ceux qui al-
laient, et l'autre à ceux qui venaient. Quelques soldats, armés d'un fouet, suffirent
pour maintenir l'ordre parmi la prodigieuse
multitude qui se trouvait pour lors dans la
ville de Péking.

Comme ce n'est pas l'usage en Chine que
les femmes sortent et se mêlent avec les
hommes, et qu'il n'était pas juste qu'elles
fussent privées d'un spectacle préparé pour
une personne de leur sexe, l'empereur y
pourvut en indiquant certains jours où elles
pourraient seules en jouir. Pendant ces
jours, il ne fut permis à aucun homme de
se trouver à la fête, et aucun ne s'y trouva.
De cette manière tout le monde satisfit sa
curiosité, sans violer aucun des usages de
l'empire.

Ce qui est le plus digne de remarque,
c'est le choix qu'on fit de cent vieillards,
qui étaient censés avoir été tirés des différentes provinces de l'empire, et être âgés,
chacun, de cent ans. On ne chercha pas les

plus vieux, mais seulement ceux qui avaient
la barbe la plus blanche, la plus longue et
la plus vénérable. Ces vieillards étaient habillés de la même manière, et portaient
sur la poitrine une longue plaque d'argent
sur laquelle était gravé le nom de la province qu'ils représentaient. Leur fonction
était de rendre hommage à l'empereur, et
de lui souhaiter autant d'années de vie
qu'ils en avaient entre eux tous.

Les anciens sages, autrement les immor-
tels, au nombre de vingt-quatre, devaient
aussi servir au triomphe de l'impératrice,
et lui souhaiter leur sagesse et leur immortalité. Leurs statues, de grandeur un peu
plus qu'humaine, furent placées non loin
de la première entrée du palais. On leur
avait donné des figures et des attitudes différentes, sans doute pour signifier les
vertus, qu'on supposait avoir été spécialement pratiquées par les sages qu'elles
représentaient.

Pendant la marche, l'empereur, à cheval, précédait sa mère de quelques pas,
et lui servait d'écuyer. Cette princesse
s'était placée dans une chaise ouverte de

tous côtés. Toutes les personnes de la cour suivaient à pied. Le soir même, on commença à abattre toutes les constructions de la ville, et peu de jours après, tout était détruit ; mais l'empereur ne voulut pas qu'on touchât à celles de la rivière. Il les fit conserver comme un monument de la magnificence de son règne. Ce prince accorda des gratifications à tous les mandarins de la capitale, pour les récompenser des peines qu'ils s'étaient données pour faire réussir la fête. Toutes les femmes de l'empire, âgées de quatre-vingts ans et plus, eurent aussi part à ses libéralités. Les sommes dépensées pour cette solennité, soit par l'empereur, soit par les corporations et les particuliers qui y contribuèrent, s'élevèrent à plus de trois cents millions.

Conduite publique et privée de l'empereur Kien-Long, décrite par un missionnaire.

Il faut bien distinguer la manière dont ce monarque se montrait en public, et quand il représentait comme le fils du ciel, comme le père et la mère du peuple, comme le souverain du vaste empire du milieu, de

celle dont il se comportait dans son palais,
lorsque, abandonné à son génie, à son caractère et à ses inclinations, il permettait
qu'on s'approchât de son auguste personne.
Dans le premier cas, il était plus gêné, à
tous égards, que ceux qui étaient proster-
nés à ses pieds. Tout en lui devait être me-
suré sur sa grandeur et digne des louanges
de l'histoire. Dans l'autre, c'était un sage,
un ami, un homme de lettres, un père de
famille, qui ne laissait entre lui et ceux
qu'il admettait en sa présence que l'espace
qu'ils n'osaient pas franchir.

Ce prince se levait de très-grand matin,
et dès que le soleil paraissait sur l'horizon,
il allait siéger sur son trône, et donner audience aux ministres, aux grands et aux
députés des tribunaux. Quand les affaires
étaient expédiées, il rentrait dans ses appartemens jusqu'au lendemain, mais il n'y
restait pas oisif. Chaque jour il avait à lire
et à appointer nombre de placets, de requêtes et de mémoires. Pour se remettre
de la contention d'esprit que cette occupation exigeait, il allait ensuite dans une
barque ou en chaise, ou visiter les pa-

1.   10*

lais situés dans les jardins , ou considérer
les curiosités de toute espèce qu'il y avait
rassemblées , ou examiner les travaux et
les réparations qu'il avait ordonnées. Son
application aux affaires le suivait partout;
jamais rien n'étoit remis au lendemain, et
il était toujours prêt à donner ses ordres
pour quelque affaire qui survînt. Comme
il était alors censé dans sa propre maison ,
il n'avait autour de lui que quelques eunuques , ne portait que des habits communs,
et ne retenait , pour ainsi dire , de sa grandeur, que ce qu'il n'en pouvait pas quitter.
Comme il portait ses pensées sur tout , et
cherchait bien moins à s'amuser qu'à étendre ses connaissances pour la perfection des
arts utiles à ses sujets , une question en
faisait souvent naître une autre , celle-ci
une troisième, etc. ; et sa présence d'esprit
était telle, qu'il ne fallait pas lui répéter
ce qu'on lui avait dit ; car pour s'assurer
s'il l'avait bien compris, il le répétait et en
faisait lui-même le développement.

Exemple terrible de sévérité à l'égard
d'un lettré, en 1777.

Un lettré du *Kiang-Si*, nommé *Ouang-Si-*
Heou, vivait dans sa patrie en philosophe,
loin des emplois et de la cour, ne s'occu-
pant que de penser et d'écrire. Pour égayer
ses ouvrages, et leur donner cours, il les
remplissoit d'idées répréhensibles. Il avait
soixante ans. Ses productions l'avaient enrichi, et lui avaient fait une espèce de réputation. Un envieux l'accusa ; aussitôt il
fut arrêté, conduit à Péking sous bonne escorte, et traduit devant le tribunal des
crimes. Les princes, les ministres et les
mandarins du premier ordre s'assemblè-
rent, par ordre de l'empereur, pour le
juger.

Il était accusé, 1° d'avoir osé toucher au
grand dictionnaire de Cang-Hi, et d'en
avoir fait un abrégé, dans lequel il n'avait
pas craint de critiquer quelques endroits de
ce livre qu'il aurait dû respecter ; 2° d'a-
voir eu l'audace d'écrire dans la préface de
cet abrégé les petits noms de Confucius,
des ancêtres de l'empereur, et ceux mêmes

de l'empereur ; 3° d'avoir écrit, en faisant
sa généalogie, qu'il descendait de *Hoang-Ti*
par les *Tchéou* ; 4° d'avoir insinué dans
ses vers cette fausse origine. L'accusé répondit au premier chef d'accusation, que
le dictionnaire de Cang-Hi ayant un grand
nombre de volumes, n'était pas commode;
et que l'abrégé qu'il en avait fait était portatif et peu coûteux ; au second, qu'il avait
voulu apprendre aux jeunes gens à ne se
pas tromper sur ces petits moms ; et d'ailleurs, que dans la réimpression de ce dictionnaire, il avait eu soin d'en retrancher
ce qui était répréhensible ; au troisième,
que c'était une vanité qui lui avait passé
par la tête, et qu'il était bien aise qu'on
crût qu'il était quelque chose ; enfin, il
répondit au quatrième chef d'accusation,
qu'emporté par le feu de la poésie, il n'a-
vait pas fait attention à ce que les expressions dont il se servait, pouvaient avoir de
mauvais.

Les juges ne furent pas satisfaits de cette
défense du lettré. Regardant son délit
comme un crime de lèse-majesté au premier chef, ils le condamnèrent à être coupé

en morceaux ; et, de plus, prononcèrent la confiscation de ses biens, et une sentence de mort contre ceux de ses parens qui étaient âgés de plus de seize ans : ses enfans au-dessous de cet âge, ainsi que ses femmes, furent condamnés à l'exil et à l'esclavage.

L'empereur, à qui cette sentence fut envoyée, répondit : « Je fais grâce à Ouang-Si-Heou sur le genre de son supplice ; il ne sera pas coupé en morceaux ; mais qu'on lui tranche la tête. Je fais grâce à ses parens. Pour ses fils, qu'on les réserve pour la grande exécution de l'automne ; que la loi soit exécutée dans ses autres points. Telle est ma volonté : qu'on respecte cet ordre. »

Il ne faut pas qu'on s'étonne de la rigueur de cette sentence. En Chine, un seul mot contre le gouvernement entraîne la peine de mort, et même c'est un crime capital que d'avoir lu un livre qui en parle mal.

Collection de bons livres, formée par les ordres de Kien-Long.

Kien-Long publia dans tout son empire qu'il voulait une collection de tout ce que

la Chine possédait de bons livres , et ordonna en même temps que tous ceux qui
possédaient des manuscrits estimables , eussent à les envoyer à la cour , en leur pro-
mettant qu'on les leur renverrait quand on
en aurait fait le choix. Il décida aussi que
cette collection serait de six cent mille volumes. Les livres lui arrivant de tous côtés ,
il fit venir à Péking les plus savans lettrés
de l'empire , et les plus habiles imprimeurs,
et leur donna un grand nombre d'adjoints
qu'il logea dans le grand palais. Il mit des
princes à la tête de cette entreprise , et
même son sixième fils. Ils répondaient des
moindres fautes , et un seul point manqué
dans les caractères les plus compliqués devait leur coûter une partie de leurs reve-
nus. Il fallait que les livres qui sortaient de
l'imprimerie fussent exempts de toute espèce de fautes.

Ce qu'il y eut de plus intéressant dans
cette magnifique et immense collection ,
c'est que l'empereur y fit entrer trois ouvrages sur la religion chrétienne , composés
autrefois par des missionnaires. Le premier
était du Père Ricci , connu dans la Chine

sous le nom de *Lymat-Cou*. C'était un chef-
d'œuvre. Des lettrés mêmes le lisaient sans
cesse pour se former le style. Il a pour titre
Tien-Tchou-Che-Y , ce qui signifie *Vraie
notion de Dieu*. Le second ouvrage est le
Yang-Mano. Il a pour titre les deux mots ,
Tri-Ké. Le style en est fort élégant , et les
pensées nombreuses et profondes. Il traite
de la victoire des sept passions dominantes
dans l'homme. Le troisième est du Père
Verbiest , qui vivait sous le règne de Cang-
Hi. Il a pour titre *Kiao-Yao-Su-Lun*, ou
*Abrégé des Vérités fondamentales de la
Religion*. Il n'est pas écrit pour les lettrés ,
et il paraît que l'auteur a voulu le mettre
à la portée de tout le monde. L'empereur
Cang-Hi l'ayant lu plaisanta sur son style ;
mais il est composé avec une analyse et une
méthode qui l'ont fait juger digne d'être
placé au rang des meilleurs livres. Telle
est l'inconséquence des Chinois ; ils honorent les livres qui traitent de la religion
chrétienne , et ils persécutent les chrétiens.

Faveur éclatante accordée aux missionnai-
res par l'empereur Kien-Long, en 1777.

Vers la fin du mois d'août de cette année,
l'empereur voulut faire aux missionnaires
une grâce d'éclat. Il donna ordre au Père
Sikelpart , ex-jésuite allemand , de se rendre, un jour marqué, dans l'intérieur de
sa maison de plaisance. Ce missionnaire pen-
sait que ce n'était que pour retoucher un
tableau. A peine était-il arrivé qu'on an-
nonça l'empereur. Ce prince entra avec un
air d'affabilité , qu'il prenait mieux que
personne quand il voulait. Il alla droit au
Père Sikelpart qui peignait , et fit semblant
de s'apercevoir, pour la première fois, que
sa main tremblait : « Mais votre main trem-
ble , lui dit-il. — Cela ne fait rien , je suis
encore en état de peindre. — Quel âge
avez-vous donc ? — J'ai soixante et dix ans.
— Pourquoi ne me l'avez-vous pas dit ? Ne
savez-vous pas ce que j'ai fait pour Castiglione à sa soixante et dixième année ? Je
veux faire la même chose pour vous. Quand
tombe le jour de votre naissance ?—Prince,
c'est le 20 de la huitième lune (21 septem-

bre 1777.)» Après ces paroles, l'empereur
se retira.

Aussitôt après un mandarin reçut l'ordre de se rendre à la maison des ex-jésuites
portugais, pour savoir comment les choses
s'étaient passées du temps du Père Castiglione, et quels présens l'empereur lui
avait faits. L'honneur qui devait être accordé au P. Sikelpart regardait tous les
Européens. Aussi le P. Despinha, supérieur
des missionnaires, invita toutes les églises
dès le 8 septembre.

Le 21 au matin, le Père So, missionnaire
et procureur du *Nantang*, nom de la maison de ce religieux, se transporta au palais
de *Hai-Tien*, nom d'un gros bourg où est
située la maison de plaisance de l'empereur.
Les présens, et tout ce qui était nécessaire
pour la cérémonie, étaient préparés. En entrant dans le palais, le Père So rencontra
le fils aîné du monarque, qui lui parla avec
beaucoup d'amitié. Il y reçut les présens de
l'empereur, qui consistaient en six pièces
de soie de la première qualité, une robe
de mandarin, un grand collier d'agathe,
et différens objets précieux ; mais ce qu'il

y avait de plus considérable , c'étaient quatre caractères tracés de la main même de l'empereur , qui contenaient l'éloge du P. Sikelpart. Le missionnaire , en portant ces présens dans le palais , les tenait élevés par respect. Le huitième fils de l'empereur venant à passer, les mandarins qui l'accompagnaient, lui dirent, qu'étant chargé des présens de l'empereur, il ne devait faire aucune attention à ce prince , qu'ils saluèrent eux-mêmes , selon l'usage.

A la porte du palais , les présens furent déposés, dans une espèce de niche ouverte de tous les côtés, sur une table couverte de soie jaune, et au son d'une musique exécutée par vingt-quatre musiciens. On se mit en marche. Ces musiciens précédaient le cortége. Venaient ensuite quatre mandarins à cheval, puis le dais porté par huit hommes, en habits de cérémonie. Il était suivi du mandarin chargé des ordres de l'empereur. Le missionnaire marchait à côté de ce seigneur.

Dès qu'on fut arrivé à la porte occidentale de Péking, le corps de garde, voyant de loin la livrée de l'empereur, se mit sous les armes, et détacha des soldats pour ouvrir la marche dans la ville et y faire du bruit, comme c'est l'usage quand on veut honorer quelqu'un. On dressa des tentes des deux côtés de la rue qui aboutit à cette porte. Cette rue, qui va droit de l'occident à l'orient, aboutit, après un quart de lieue, à la grande, qui, commençant au mur septentrional de la ville, se termine à la porte du Midi, à côté de laquelle le collége des missionnaires était situé. Cette rue a une lieue de long, est tirée au cordeau, et sa largeur est presque double que celle de la rue Royale à Paris.

Tandis que les présens de l'empereur faisaient cette route au milieu d'une foule immense que ce spectacle avait attirée, tous les missionnaires se rendirent à leur chef-lieu, dont le frontispice, les cours et les salles avaient été décorés pour la cérémonie. Au milieu de la plus belle de ces salles, il y avait une niche dans laquelle on devait déposer les présens. Lorsque le cortége fut arrivé près du collége, tous les missionnaires se placèrent sous un portique, élevé en avant de cet édifice, et se mirent à

genoux, selon le cérémonial chinois. Ils se
levèrent ensuite pour accompagner le dais
que surmontait une croix. Ce dais ayant
été porté dans la salle dont nous avons
parlé, le mandarin qui présidait à la cérémonie, déposa, avec beaucoup de respect,
les présens de l'empereur dans la niche dis-
posée pour les recevoir. Tous les missionnaires se mirent encore à genoux, frappèrent neuf fois la terre de leur front, saluèrent ensuite le mandarin, en lui prenant
les deux mains, et le conduisirent dans la
salle à manger. Lorsque cet officier leur eut
demandé à chacun leur âge, leur emploi,
leur pays, il prit du thé avec eux, et partit aussitôt après pour rendre compte à
l'empereur de la manière dont les choses
s'étaient passées. Avant son départ, les
missionnaires lui firent présent de plusieurs
curiosités d'Europe, dont il parut fort content. Dès le lendemain matin, l'empereur
ne manqua pas de se rendre dans l'endroit
du palais où travaillaient les missionnaires.
Il était de bonne humeur, et demanda plusieurs fois au Père Sikelpart s'il se portait
bien.

Honneurs rendus par l'empereur Kien-Long
à un général victorieux, en 1771.

Les *Mia-Ot-Sé*, nation belliqueuse,
formaient deux petits états voisins des provinces chinoises de *Sé-Tchuen* et de *Koei-
Tchéou*. Ils osèrent faire quelques dégâts
sur les terres de l'empire. On envoya
contre eux des troupes qui furent surprises
et battues, et dont les généraux furent
punis par l'empereur. Un nouveau général, nommé *Aquei*, homme d'un sang-
froid et d'une constance inébranlables, fut
chargé de les soumettre. Dans l'espace de
moins de deux ans, il força l'ennemi dans
ses montagnes, et s'empara de *Karai*, sa
capitale, et de la personne du roi des
Mia-Ot-Sé. Kien-Long, informé des succès de son général, alla au-devant de lui,
accompagné des princes de son sang et de
tous les grands de l'empire.

La réception d'un général victorieux est
en Chine une des plus belles cérémonies
qu'on puisse imaginer. Afin que le général
Aquei y parût avec toute la dignité convenable, l'empereur le fit comte de l'empire

et membre de la famille impériale : de
plus, il le décora de plusieurs ornemens
que les seuls empereurs avaient droit de
porter. Un mois avant son arrivée, le
conseil des ministres avait ordonné qu'à
soixante lieues de l'endroit assigné pour sa
réception, on répandît sur les chemins de
la terre jaune, comme pour le passage du
monarque.

L'endroit assigné par le tribunal des
rits, était éloigné de huit lieues de Péking,
et à une petite distance d'une maison de
campagne de l'empereur. On en avait orné
les environs avec une magnificence extraordinaire. L'empereur sortit de ce palais en
habit de cérémonie, et marcha entre deux
haies de mandarins jusqu'à l'endroit destiné à la réception. Là se trouvaient les
princes du sang, les grands-seigneurs, les
comtes, les ministres et grands-mandarins
avec les six tribunaux de l'empire, et un
gros détachement de chacune des huit
bannières tartares.

Le général Aquei, à la tête de l'élite
de ses troupes victorieuses, parut bientôt.
Dès qu'il fut arrivé près de deux piliers

rouges, il descendit de cheval. Le président du tribunal des rits invita l'empereur
à monter sur une plate-forme élevée. Ce
prince, entouré d'une multitude de dra-
peaux, se tint debout un instant. La
grande musique de l'empire commença à
jouer. Il y eut ensuite un intervalle de silence, après lequel un mandarin cria :
Prosternez-vous! Aussitôt l'empereur, le
général avec ses officiers, les princes, les
comtes, les tribunaux, les grands-mandarins, tous se mirent à genoux, frappèrent
neuf fois la terre de leur front, pour adorer le ciel et le remercier de la victoire.
Cela fait, le maître des cérémonies s'ap-
procha de l'empereur, et le pria de descendre dans une grande salle où on lui
avait dressé un trône. Ce prince s'y étant
assis, fut salué par Aquei et ses officiers.
Il se leva ensuite, s'avança vers le général
et lui donna l'accolade ; ce qu'il fit avec
un sentiment qui toucha toute l'assemblée.
« Tu es fatigué, lui dit-il; viens, repose-
toi. » Et en même temps il le fit asseoir
à côté de lui. Les officiers furent placés sous
des tentes bleues. On servit du thé; en-

suite cent eunuques, accompagnés de la grande musique, entonnèrent le champ des victoires, espèce d'hymne, qui a près de quatre mille ans d'antiquité. Quand ils eurent cessé de chanter, le président du tribunal des rits s'avança vers l'empereur, et lui dit : « Tout est fini. » Ce monarque remonta dans son palanquin, et le jour même il arriva à Péking.

CHAPITRE XX.

Entretien de Kien-Long avec un Mission-naire.

Ce missionnaire, nommé Benoit, assistait fréquemment comme interprète aux séances que l'empereur accordait à son peintre le Père Pausi, pour faire son portrait. Voici de quelle manière il rend compte d'un entretien qu'il eut à plusieurs reprises avec ce grand monarque. C'est l'empereur qui questionne, et c'est le missionnaire qui répond.

D. Est-ce votre roi qui vous envoie, ou si vous venez à la Chine de votre propre mouvement?

R. Sous le règne de Cang-Hi, dès que notre roi eut appris que ce grand prince avait gratifié les Français d'une église, dans l'enceinte même de son palais, il donna ordre aux supérieurs de notre compagnie de choisir parmi ses membres des mathématiciens et différens artistes. Quand ce choix eut été fait, il envoya ici les sujets qui lui avaient été désignés, avec tous les instrumens et autres objets qui pouvaient les mettre en état de se rendre de plus en plus utiles à leur bienfaiteur. Depuis ce temps-là, nos supérieurs d'Europe, que nous avons soin d'informer des sujets qui nous manquent ici et dont nous avons besoin, tâchent de les choisir et de nous les envoyer.

D. Lorsque vos supérieurs ont choisi ces sujets pour les envoyer ici, est-il nécessaire qu'ils en avertissent le roi?

R. C'est toujours par ordre du roi et à ses frais, que nous nous embarquons sur les vaisseaux français destinés pour Canton.

1,   11

D. Vos vaisseaux viennent donc à Canton ?

R. Oui, sire, et ce sont ces vaisseaux
qui ont apporté les estampes et les planches des victoires que votre majesté avait
donné ordre de graver.

D. Apparemment , c'est dans votre
pays que se trouvent les plus habiles graveurs ?

R. Il y a aussi dans quelques royaumes
de l'Europe des graveurs très-habiles;
mais le gouverneur de Canton nous a fait
l'honneur de préférer ceux de notre
royaume , et a confié aux commandans
de nos vaisseaux l'exécution de cet ouvrage.

D. N'est-ce pas vous autres qui , d'ici
avez indiqué votre royaume et avez écrit
pour cela ?

R. Nous qui ne sommes que de simples
religieux, et qui n'avons dans le monde
aucune autorité, nous nous serions bien
gardé de prendre sur nous une affaire qui
regardait votre majesté. Il est vrai que les
Européens, qui résident ici, ont fait par
son ordre des mémoires qui ont été envoyés

en même temps que les premiers dessins;
mais dans les mémoires, ils ne faisaient qu'a-
vertir le graveur, quel qu'il fût, de la
conformité entière que les planches devaient avoir avec les dessins, conformé-
ent au désir de votre majesté, de la
uantité d'estampes que vous souhaitiez
u'on en tirât, et des autres circonstances
ue vous aviez vous-même indiquées. Ces
émoires ayant été envoyés au gouver-
eur de Canton avec les ordres de votre
ajesté, il a donné aux chefs des Français
ui résident dans cette ville, la commission
e faire exécuter dans notre royaume les
dres de votre majesté, relativement à ces
ravures.

D. N'y a-t-il pas plus de quatre ou
nq ans que les dessins de ces gravures
nt été envoyés?

R. Il y a à peu près ce temps-là. Dès
ue les premiers dessins furent arrivés en
ance, le ministre du roi, qui a le dé-
rtement de ces sortes d'ouvrages, vou-
t que ces gravures fussent exécutées d'une
anière digne du grand prince à qui elles
aient destinées, et chargea de cette exé-

_cution le chef des graveurs de notre roi, en lui recommandant de n'employer que les plus habiles. Les premières planches, ayant été exécutées, ce ministre jugea, que tout délicat qu'en était le burin, l'espèce de gravure qu'on avait adoptée, ne serait peut-être pas du goût de votre majesté. Il aima donc mieux sacrifier ces premières planches, et en faire recommencer d'autres dans un goût qu'il désigna lui-même, persuadé que ce goût plairait davantage à votre majesté. Cet incident a été cause que les planches n'ont pas été exécutées aussi promptement que nous l'aurions désiré.

_D._ Comme on ne doit pas s'intéresser bien vivement en Europe à ce qui se passe dans un pays aussi éloigné que celui-ci, on a dû y être peu touché du sujet de ces estampes.

_R._ On s'intéresse en Europe à toutes les belles actions, dans quelque pays qu'elles se fassent. Avant même que les dessins des victoires de votre majesté y fussent parvenus, on admirait ses glorieux exploits dans les vastes pays qu'elle a sou-

mis à son empire; et ces dessins n'ont
fait que mettre sous les yeux des Européens
la réalité et les détails des événemens dont
la renommée leur avait déjà appris l'exis-
tence.

D. Parmi vos estampes d'Europe, il en
est plusieurs qui représentent les victoires
de vos souverains : contre qui rempor-
tent-ils ces victoires ? Quels ennemis ont-
ils à combattre ?

R. Ils ont à combattre pour l'intérêt de
leurs propres états, contre d'autres états
qui y donnent atteinte.

D. Parmi les souverains d'Europe, n'y
en a-t-il pas un à la tête des autres, et qui,
par son autorité, termine tous les différends
qui peuvent s'élever entre eux ; comme,
lorsque l'empire de la Chine était gouverné
par plusieurs princes particuliers, il y en
avait un parmi eux qui était à leur tête, et
portait le titre d'empereur ?

R. L'Allemagne renferme plusieurs états
dont les souverains ont à leur tête un prince
qui a le titre d'empereur ; mais, malgré ce
titre, il n'est souverain que de ses états

particuliers , et quelquefois il lui arrive de soutenir la guerre contre des souverains qui font partie de la confédération dont il est le chef.

D. Vos royaumes n'étant pas tous égaux en puissance et en force , n'arrive-t-il pas quelquefois qu'un royaume plus fort , après avoir envahi quelques-uns des plus faibles , et avoir , par ce moyen , augmenté ses forces , n'envahisse peu à peu d'autres états plus considérables , et se rende insensiblement maître de toute l'Europe (1) ?

R. Depuis que tous les royaumes de l'Europe ont embrassé le christiănisme, on ne doit pas s'attendre à une pareille révolution (2). La religion chrétienne recommande trop la soumission des sujets à leur prince , et le respect mutuel que doivent

---

(1) Est-ce que l'empereur Kien-Long prévoyait ce qui devait se passer en Europe environ quarante ans après ?

(2) L'événement n'a pas justifié l'assertion de notre missionnaire. Devait-il ignorer que les conquérans ne s'occupent guère des vérités du christianisme pour mettre des bornes à leur ambition ?

se porter les têtes couronnées. Un souverain perdra quelques villes, quelques provinces mêmes ; mais s'il courait le risque de perdre tous ses états, les autres souverains se joindraient à lui, et l'aideraient à les conserver.

D. Comment se fait la succession de vos rois ?

R. Dans notre royaume, c'est le fils aîné ou ses descendans qui succèdent à la couronne. S'il meurt sans postérité, c'est le second fils ou ses enfans.

D. En Russie, les femmes succèdent à la couronne : en est-ce de même dans quelques-uns de vos royaumes ?

R. Il y a quelques-uns de nos royaumes où les femmes succèdent à la couronne ; mais dans le nôtre il est une loi établie depuis le commencement de la monarchie qui les exclut du trône.

D. Si votre souverain mourait sans enfans, quel serait son successeur à la couronne ?

R. Depuis bien des siècles, Dieu a favorisé notre souverain de descendans suffisans, non-seulement pour succéder à son

trône , mais encore pour fournir des successeurs à d'autres trônes de l'Europe (1).

D. Ces souverains , qui sont d'une
même famille , seront sans doute toujours
unis entre eux, et ne se feront pas la
guerre ?

R. Quoique des souverains soient d'une
même famille , cela n'empêche pas qu'ils
ne se fassent la guerre , si la nécessité
l'exige ; mais ils n'en sont pas moins bons
amis. Deux souverains , en guerre l'un
contre l'autre , se rendent des services mu-
tuels dans tout ce qui ne porte pas atteinte
aux intérêts de leur couronne. »

L'empereur s'informa encore de la manière dont les princes de l'Europe se faisaient la guerre , de la conduite qu'ils tenaient à l'égard des prisonniers et des secours qu'on donnait aux blessés après une
bataille , du nombre des différens états de
l'Europe , des troupes que chaque souverain pouvait mettre sur pied , etc. Le
missionnaire fit à toutes ces questions des

----

(1) La réponse du missionnaire ne fait qu'éluder la
question de l'empereur.

réponses dont la curiosité de ce prince parut satisfaite.

Quelques jours après, Kien-Long reprit le cours de ses questions : voici les plus intéressantes , avec les réponses du Père Benoit.

D. « Dans vos mappemondes, vous tracez tous les royaumes de l'univers ; vous n'avez pas visité tous ces pays ; comment donc en pouvez-vous tracer la carte ?

R. Tous les souverains de l'Europe ont fait faire chacun la carte de leur pays , et se la sont mutuellement communiquée. Les mathématiciens font des observations en différens endroits de l'univers , pour en déterminer la situation , et se communiquent ensuite leurs observations. Quant aux pays situés hors de l'Europe , ils en obtiennent les cartes par la communication qu'ils font de celles de leur propre pays.

D. On dit souvent que l'univers renferme dix mille royaumes, c'est-à-dire une infinité. Il existe des pays inaccessibles , inhabités, et par conséquent où vous n'avez pu pénétrer. Il y en a dans lesquels on ne permet pas que vous entriez, tels que le

Japon, qui n'est pas éloigné d'ici. Comment pourrez-vous avoir la carte de ces pays ?

R. Depuis plusieurs siècles que les Européens voyagent, et que leurs vaisseaux parcourent l'univers, il est peu de pays où ils n'aient pénétré. S'il en existe dont ils n'aient pu se procurer la carte, ils ont celle des pays voisins. Conséquemment ils connaissent les bornes, l'étendue, la vraie situation de ce pays, les lieux par où entrent et sortent les rivières. Cela suffit pour une carte générale. Si c'est un pays entouré de mers, et où les vaisseaux n'aient pu aborder, où dont on ne connaisse qu'une petite partie du rivage qui le borde, on ne marque dans la carte que ce qu'on connaît du rivage, et l'on y trace, s'il est possible, les principales montagnes et les embouchures de rivières qu'on y aura remarquées. D'autres vaisseaux qui y abordent ensuite, ajoutent sur cette carte les découvertes qu'ils y ont faites : c'est ainsi que peu à peu on parvient à une entière connaissance de ce pays. Quant à ce qui est du Japon, nous en traçons la carte, parce qu'elle a été levée par les Européens qui y pénétrèrent autrefois.

D. Pourquoi n'avez-vous plus d'accès au Japon ?

R. Les souverains sont maîtres de leurs grâces.

Lorsque ceux du Japon nous admirent, nous fîmes nos efforts pour les bien servir. Lorsqu'ils refusèrent nos services, nous nous soumîmes ; mais nous ne sommes pas moins disposés à nous employer pour eux, lorsqu'ils nous feront l'honneur de nous admettre encore une fois.

D. Ce n'est pas précisément que les Japonais ne veulent point de vous , dit l'empereur, en souriant; c'est qu'ils ne veulent point de votre religion. »

Alors, sans donner au missionnaire le temps de lui répondre, il passa aussitôt à d'autres questions sur les cartes hydrographiques, sur la manière de naviguer, de mesurer le chemin qu'on faisait sur mer, de reconnaître l'endroit où l'on était ; sur la grandeur des vaisseaux européens et le nombre des gens de l'équipage; sur ce que les Français apportaient à la Chine et ce qu'ils en emportaient ; sur la manière dont on fabriquait les glaces, et sur un grand nombre d'autres objets. Toutes ces questions manifestaient dans ce grand monarque un jugement solide, une grande pénétration, et le désir le plus vif d'acquérir les connaissances qui lui manquaient, pour étendre le domaine des sciences dans son empire.

Ce prince demanda ensuite au missionnaire combien il y avait d'Européens à Péking, et à quels royaumes ils appartenaient. Il ne put s'empêcher de témoigner sa surprise, lorsque le Père Benoit lui dit que sur vingt-cinq Européens qui se trouvaient alors à sa cour, il y avait onze Français, mais que le Père Pausi qui avait l'honneur de le peindre était italien.

D. « L'Italie a donc la réputation de posséder de grands peintres ? reprit l'empereur.

R. De tout temps on a vu et l'on voit encore en Italie des peintres fameux. Celui qui vint ici du temps de Cang-Hi (Monsieur Ghérardini), et qui eut le bonhéur de plaire à ce prince, ainsi que Castiglione que votre majesté a comblé de tant de bienfaits, en étaient l'un et l'autre.

D. A combien de royaumes appartiennent les Européens qui sont ici ?

R. Il y a encore ici actuellement des Portugais, des Italiens et des Allemands.

D. Tu sais les mathématiques ; sais-tu aussi la philosophie ?

R. Je l'ai enseignée pendant deux ans avant de quitter l'Europe.

D. Puisque tu sais la philosophie, comment répondrais-tu à une question que l'on fait quelquefois à nos philosophes, par forme de badinage ; de l'œuf et de la poule, lequel a été créé le premier ?

R. Pour répondre à votre majesté, j'exposerai simplement ce que nos livres saints nous apprennent de la création du monde, comment le cinquième jour Dieu créa les volatiles et les poissons, et leur ordonna de multiplier. Par conséquent, quoique la poule n'ait pu pondre des œufs, que lorsqu'elle existait déjà, la faculté qu'a la poule de pondre des œufs est aussi ancienne que la poule même.

D. Ce que ces livres vous apprennent

de la création du monde , est-il bien certain ?

R. Nos livres sont très-anciens. Ils ont
toujours été l'objet de la plus haute vénération, parce que toujours on les a crus
inspirés de Dieu. Ils nous ont été transmis
de génération en génération, sans avoir
été altérés en aucune manière.

D. Comme dans nos livres canoniques ,
il n'est point parlé de la création du monde,
croira-t-on que ce qu'on en trouve dans
d'autres livres soit digne de foi ?

R. Il est probable que les livres qui parlaient de cette création ont été consumés sous
le règne de *Tsin-Chi-Houang.* Ce n'a été que
plusieurs années après cet incendie qu'on a
retrouvé quelques fragmens de ces anciens
livres, et qu'on s'est remis à écrire. Il est
donc arrivé que ceux qui ont écrit sur l'ancienne histoire, n'en sachant que ce que
leurs pères leur en avaient raconté, d'après
ce qu'ils en avaient ouï dire , ils ont inséré
dans leurs écrits, parmi quelques vérités
dont on se souvenait encore , plusieurs
autres traits avec des circonstances, ou
ajoutées , ou altérées , desquelles il ne

résulte que des fables, même aux yeux
des lettrés. Mais parmi ces fables, nous
reconnaissons des traits conformes à la
vérité, et à ce que nous lisons dans nos
livres d'histoire. »

A ses questions, l'empereur Kien-Long
en ajouta successivement beaucoup d'autres
sur la création des astres, sur leur mouvement, leur grandeur, leur éloignement et
leur nombre; sur les éclipses de soleil et
de lune; sur l'inégalité des jours et des
nuits, suivant les saisons et les climats,
et sur le mouvement de la terre. Il expliqua
même plusieurs phénomènes célestes, avec
une netteté et une justesse qu'on n'aurait
pas dû attendre d'un prince dont les occupations étaient si importantes et si multipliées.

CHAPITRE XXI.

Zèle de l'empereur Kien-Long *pour l'instruction de ses fils. Sa munificence à
l'égard de ses provinces. Son abdication
et sa mort.*

Il y avait près de l'appartement ordinaire
de ce prince, soit à Péking, soit à la maison de plaisance de *Yven-Ming-Yven*,
une classe uniquement destinée pour ses
fils. Dès qu'ils avaient atteint l'âge d'apprendre, ils devaient rester dans cette
classe depuis le matin jusqu'au soir.
L'âge avancé et les emplois ne les en
exemptaient pas. Les jours mêmes qu'ils
vaquaient à ces emplois, il fallait qu'ils se
rendissent à la classe, aussitôt que leurs
occupations étaient terminées. Si l'empereur venait à savoir qu'ils s'en fussent
exemptés sans raison, il les punissait malgré leur âge et leur dignité. Il y avait dans

cette classe des professeurs d'éloquence, d'histoire et de mathématiques, des maîtres pour apprendre à tirer de l'arc, etc. Chaque maître donnait sa leçon dans un temps déterminé. Un mandarin du tribunal des mathématiques avait été choisi par l'empereur, pour les enseigner à ses fils et à ses petits-fils. En le chargeant de cette commission, ce monarque lui dit : *aie soin de te faire obéir, et, dans tout ce qui regarde ton emploi, prends sur tes élèves la même autorité que tous les maîtres doivent avoir sur leurs écoliers. Je veillerai à ce qu'ils t'obéissent.*

Ce grand prince, allant à la chasse, se rendait de temps en temps dans cette classe, et faisait répéter à ses enfans les explications de leurs maîtres. Il les prenait même en particulier et les examinait pour s'assurer de leurs progrès. Dans certains jours de réjouissance, et au lieu même du spectacle auquel il assistait, il faisait venir auprès de lui un ou deux de ses fils, qui déjà avaient les leurs en classe, leur donnait le sujet d'une pièce d'éloquence, la faisait composer dans une chambre voisine, et ne leur accordait le plaisir de jouir du spectacle qu'après avoir été satisfait de leur composition. C'était une chose vraiment admirable que cette subordination des fils de l'empereur, quelque avancé que fût leur âge. Il est vrai qu'ils avaient en cela l'exemple de leur père qui, âgé de soixante-trois ans, bien loin de se dispenser, à l'égard de l'impératrice, sa mère, âgée de quatre-vingt-deux ans, d'aucune des cérémonies gênantes que le cérémonial chinois prescrit aux enfans envers leurs pères et mères, aurait cru manquer au premier devoir de la nature, dont un prince doit donner l'exemple à ses sujets, s'il ne s'était abaissé autant devant sa mère, que le dernier de ses sujets devait s'abaisser devant lui.

Caractère, grandes qualités et conduite de cet Empereur.

Kien-Long aurait joui d'une grande considération, lors même qu'il n'aurait été qu'un simple particulier. Ses ennemis mêmes convenaient que les soins du gouvernement étaient sacrés pour lui. Il se levait tous les jours à deux heures du matin, faisait sa prière, et employait le reste de sa journée aux affaires. Il connaissait si bien la Chine, les mœurs de ses sujets et les événemens qui reviennent toujours de la même manière, que, malgré les efforts de ses ministres pour le tromper, presqu'aucune faute ne lui échappait : ce qui obligeait tous les membres du gouvernement, depuis le premier colao jusqu'au dernier mandarin, de se tenir sur leurs gardes. Il lisait lui-même tous les avis, les requêtes et tous les projets qu'on lui adressait. L'auteur d'un mémoire qui n'était pas écrit avec une grande pureté, s'attirait des reproches amers et des explications auxquelles il ne s'attendait pas. Quelquefois même un fonctionnaire perdait son emploi, parce qu'il avait, ou laissé échapper de sa plume une expression vague, ou négligé son écriture.

Ce monarque était un des plus savans lettrés de son empire. Il savait si bien le tartare et le chinois, qu'il composa des poêmes dans ces deux langues. Le plus connu est celui du *thé*, dont nous avons une traduction française. Malgré son grand âge, il ne cessa jamais de s'occuper des affaires avec autant d'ardeur que dans l'âge mûr. Cette activité était cause qu'aucun mandarin n'osait quitter sa place, sous prétexte que sa vieillesse ne lui permettait pas de la remplir. *Ne voyez-vous pas que je suis moi-même très-âgé ?* disait-il à l'un de ces officiers ; *et que néanmoins je m'acquitte exactement de mon devoir.* Il avait alors plus de quatre-vingts ans.

Lorsque ses généraux, dans les guerres qu'il fit aux Eluths et à d'autres peuples, avaient remporté quelque victoire, il doublait la paie des soldats, même de ceux qui n'avaient pas quitté leurs foyers ; il répandait des largesses parmi le peuple, faisait ouvrir de nouvelles routes, élever des temples et d'autres édifices publics, creuser des canaux et dessécher des marais pour les rendre à l'agriculture. Un des censeurs de l'empire lui ayant fait quelques représentations sur tant d'entreprises dispendieuses, il lui répondit : *Je ne fais point de dépenses pour mon plaisir ou mon avantage particulier. Je n'ai en vue que le bien public, et je cherche à occuper utilement des milliers d'hommes qui n'ont d'autre ressource pour vivre que le travail de leurs mains.*

Ainsi, dans toutes les occasions, Kien-Long savait se concilier le respect, l'amour et la reconnaissance du peuple. Il ne lui adressait jamais un édit, sans lui parler comme un sage, comme un père, qui, en instruisant ses enfans, leur exprime les tendres sentimens qu'il éprouve pour eux. Il lui rappelait sans cesse l'ancienne doctrine, et semblait ne rien entreprendre sans se conformer aux préceptes des livres sacrés ou aux exemples des fondateurs de l'empire. Comme il n'ignorait pas que la piété filiale est le garant le plus sûr de l'ordre public et du respect qu'on doit à l'autorité, il la recommandait dans ses écrits, la récompensait avec éclat, et l'observait lui-même avec l'attention la plus scrupuleuse, ainsi que nous l'avons dit plus haut, à l'égard de sa mère, puisqu'il lui rendait visite soir et matin, et ne l'abordait jamais sans fléchir le genou devant elle.

Ce grand prince était bien éloigné de passer son temps dans la mollesse. Il sé-

journait une partie de chaque année à
Tzé-Hol, ville tartare où il avait un palais. Là, il se plaisait à vivre sous des
tentes, comme s'il eût fait la guerre. Il y
recevait des ambassadeurs, y célébrait des
fêtes, et montrait qu'il n'aimait pas moins
à être le souverain des Tartares que celui
des Chinois. Il montait à cheval, courait à
la chasse du tigre, et prouvait qu'il savait
manier l'arc et la flèche aussi bien qu'aucun de ses mantchoux. Il bravait également
ment le froid le plus rigoureux et le chaud
le plus excessif. La pluie, la neige, le vent
ne l'empêchaient pas de se tenir long-temps
en plein air pour assister aux différens
exercices militaires, où les mantchoux,
tantôt à pied, tantôt à cheval, faisaient
assaut de force et d'adresse.

Un jour qu'il s'était mis en chemin, le
temps devint si mauvais qu'il fut obligé de
revenir sur ses pas. En entrant dans son
palais, son premier soin fut d'aller saluer
l'impératrice sa mère ; puis il courut voir si
les Tartares, fatigués et couverts de boue,
étaient tous à leur poste. « Ceci n'est qu'une
promenade, dit-il à ceux qui le suivaient ;

il y a bien d'autres fatigues à essuyer à la guerre. » — « Je veux faire, disait-il une autre fois, jusqu'aux moindres choses qui peuvent contribuer à me rendre semblable à mes ancêtres. C'est en menant une vie dure qu'ils se sont mis en état de faire la conquête de l'empire. Ce ne sera qu'en les imitant que leurs descendans le conserveront. »

Munificence de Kien-Long à l'égard des habitans de l'île de Formose et d'autres provinces. Ce prince donne la mort à un de ses fils. Son abdication et sa mort.

En 1782, un événement désastreux fournit à cet empereur une nouvelle occasion de signaler sa munificence. Il y eut un si grand tremblement de terre, et la mer s'éleva si prodigieusement dans le détroit de Formose, que la belle île à laquelle les Européens ont donné ce nom, fut submergée pendant douze heures. La capitale de l'île fut presqu'entièrement renversée. Deux vaisseaux de guerre, et près de cent navires marchands qui étaient dans le

port, disparurent pour jamais; douze vaisseaux de guerre, et un très-grand nombre
de jonques, espèce de grandes barques,
et d'autres bâtimens, furent fracassés. Dès
que l'empereur fut informé de cette calamité, il donna ordre au vice-roi du Fo-
Kien de fournir à ceux des infortunés habitans de Formose, qui étaient échappés à
la chute de leurs maisons et à la fureur
des eaux, tous les secours dont ils avaient
besoin.

Un an après cet affreux tremblement de
terre, une sécheresse qui dura trois ans
désola les provinces de Kiang-Nan, de
Tché-Kiang, de Honan et de Chantong.
La plus affreuse disette fut l'effet de ce
fléau. L'empereur, pénétré de douleur,
fit ouvrir tous les magasins où l'on tenait
en réserve des grains pour les temps cala-
miteux, et prodigua ses trésors pour faire
venir du blé et du riz des provinces où la
sécheresse ne se faisait pas sentir. Mais il
ne put sauver tous les habitans des pays
qui manquaient de subsistances. On en
voyait des troupes nombreuses courant
d'un air égaré dans les montagnes, pour

manger l'écorce des arbres et les racines que recélait encore un sol dépouillé de toute espèce de verdure; et si quelqu'un de ces malheureux tombait mort de fatigue et de besoin, ses compagnons affamés se jetaient sur son cadavre et le dévoraient.

Cette triste époque du règne de Kien-Long fut celle où il prouva le mieux qu'il était digne de régner. Son grand âge ne l'empêchait pas de s'occuper sans relâche des secours qu'exigeaient les cantons en proie à la famine. Il veillait lui-même à l'approvisionnement de ceux qui l'avoisinaient. Les marchands de Péking, prétendant que le riz leur avait coûté cher, voulurent mettre un prix auquel le peuple ne pouvait atteindre. L'empereur, informé de cette circonstance, paya ce qu'ils demandaient, et fit livrer le riz au peuple au taux accoutumé. Il publia en même temps un édit, dans lequel il disait : « *Dans ces malheureuses conjonctures, c'est tout ce que je puis faire, et je le fais.* »

Il encouragea, il récompensa, par des éloges publics et par des dignités, les mandarins qui secondèrent ses soins paternels,

et punit avec sévérité l'infâme audace de
ceux qui se rendirent coupables de préva-
rication dans la distribution de ses dons.
Il réprimanda même vivement Fou-Lé-
Houn, gouverneur de Canton, parce
qu'il lui avait offert, de la part des marchands de cette ville, un secours de trois
cent mille onces d'argent. « Fou-Lé-Houn
peut-il ignorer, dit ce prince, que tous
mes trésors sont ouverts pour le soulagement de mon peuple? Non-seulement j'ai
affranchi de toute espèce d'impôts les provinces qui ont souffert de la disette, mais
j'ai fait ouvrir les greniers publics, et j'ai
donné pour l'achat des grains plusieurs
dixaines de millions d'onces d'or et d'argent. Comment Fou-Lé-Houn a-t-il donc
le cœur assez étroit, assez vil, pour me
supposer de la cupidité, et se persuader
que je puis être bien aise de faire entrer
dans mes coffres trois cent mille onces d'argent, comme dédommagement des sommes
immenses qui en sont sorties? »

Kien-Long se trouvant dans la ville de
Sou-Chou-Fou, devint épris d'une jeune
personne qui réunissait à la plus grande

beauté des talens extraordinaires, et résolut de l'emmener dans sa capitale. L'impératrice ayant été informée par un eunuque
de la nouvelle passion de son époux, et
craignant de se voir bientôt dédaignée,
s'abandonna à un si grand excès de douleur et de désespoir, que peu de jours
après, elle se pendit. A la nouvelle de ce
triste événement, l'empereur, vivement
affligé, se rendit aussitôt à Péking.

Un des fils de ce monarque, jeune homme
très-aimable, ne savait trop de quelle manière il devait se présenter devant lui. Il
craignait que, s'il portait le deuil de sa
mère, ses vêtemens ne fussent une insulte
pour celui qui était la cause de sa mort;
et que si, au contraire, il paraissait avec sa
robe de cérémonie, il ne parût manquer
de respect pour la mémoire de sa mère.
Dans cette incertitude, il consulta son ins-
tituteur, qui lui conseilla de mettre deux
vêtemens l'un sur l'autre.

Le jeune prince suivit ce conseil, et malheureusement pour lui, il mit l'habit de
cérémonie par-dessus l'habit de deuil. Kien-
Long, dont la tendresse pour son épouse

s'était ranimée, et qui pleurait sincèrement
le triste sort de cette princesse, voyant tout
à coup son fils à ses pieds, et n'apercevant
pas l'habit de deuil de ce jeune prince,
fut si irrité de ce qu'il regardait comme un
oubli d'un des premiers devoirs de la piété
filiale, qu'il lui donna un grand coup de
pied qui porta dans une partie du corps
extrêmement délicate. Le prince mourut
après avoir langui peu de jours.

Ce grand monarque, l'un des plus savans et des plus vertueux empereurs qui
aient régné sur la Chine, après être parvenu à l'âge de quatre-vingt-six ans, et
en avoir régné soixante-un avec une activité et une sagesse qui ne s'étaient pas
démenties un seul jour, abdiqua en 1796
le trône en faveur du dix-septième de ses
fils, qui n'étaient plus qu'au nombre de
quatre. Il se retira ensuite dans un palais
qu'il avait fait bâtir au milieu d'un superbe
jardin, pour y finir, au sein du repos et
des lettres, sa longue et glorieuse carrière,
qu'il termina en 1799. Son successeur, qui
se nomme *Kia-Ching*, est d'un caractère
bien différent. Il est emporté, dit-on, ca-

pricieux, et adonné aux boissons enivrantes. Aussi, plusieurs révoltes ont-elles
déjà eu lieu sous son règne.

L'empereur Kien-Long a été placé par
les Chinois au rang des meilleurs poëtes
des temps modernes. Le plus célèbre de
ses ouvrages est une ode dans laquelle il
fait l'éloge du *thé*, et qui a été peinte sur
toutes les théières de l'empire. Ce même
empereur a aussi composé un long poëme
sur la ville et le pays de *Moukden*, qui
fait partie du territoire des Tartares Man-
Tchous. Ce poëme a été traduit en français.

CHAPITRE XXII.

*Détails sur l'ambassade de lord Macartney
à la Chine.*

Comme nous ne connaissons l'empire de
la Chine, ses usages, et les mœurs de ses
habitans, que par les relations des mis-

sionnaires et de quelques voyageurs, et, dans ces derniers temps, par les ambassades qui y ont été envoyées, nous pensons que nos lecteurs ne liront pas sans intérêt quelques détails sur le voyage de lord Macartney à la Chine, en 1793, et sur l'ambassade hollandaise qui eut lieu peu de temps après celle des Anglais.

Pendant le séjour que lord Macartney fit à Péking avant d'être présenté à l'empereur, qui se trouvait alors en Tartarie, quelques Anglais eurent souvent occasion d'aller au palais impérial, situé dans la campagne ; et revenant chaque fois par un autre chemin, ils purent voir aisément la plus grande partie de la capitale. L'ambassadeur se promena aussi dans une voiture anglaise, attelée de quatre chevaux tartares, d'une belle taille, et conduits par des postillons choisis parmi les gardes qui avaient autrefois exercé cette profession en Angleterre. C'était un spectacle nouveau pour les Chinois accoutumés à leurs voitures basses, grossièrement faites, à deux roues seulement, sans ressorts, et qui ne valent guère mieux que les mauvaises charrettes d'Europe. Quand on eut déballé et monté le superbe carrosse destiné à être offert à l'empereur, l'admiration des spectateurs fut extrême ; mais il fallut donner des ordres pour en faire ôter le siége, parce que les mandarins voyant que ce siége si élevé était destiné pour celui qui devait mener les chevaux, témoignèrent le plus grand étonnement de ce qu'on proposait de faire asseoir un homme au-dessus de l'empereur, tant la délicatesse de ce peuple est aisée à blesser dans tout ce qui se rapporte à la personne de son souverain.

Présentation de l'ambassadeur d'Angleterre à l'Empereur de la Chine.

L'empereur Kien-Long se trouvait alors à sa maison de campagne, située en Tartarie, et nommée *Tʒé-Hol*. Le jour que lord Macartney lui fut présenté, plusieurs princes de la famille impériale l'entouraient ; mais aucun ne paraissait obtenir plus de respect que les autres, ni avoir la moindre préférence sur eux. L'ambassadeur, et les principales personnes de l'ambassade se rendirent dans le jardin du palais de Tzé-Hol

avant le jour, ainsi qu'on le leur avait re-
commandé. Dans le milieu du jardin était
une tente spacieuse et magnifique, soutenue
par des colonnes dorées, peintes ou vernissées. La toile ne suivait pas l'obliquité des
cordes dans toute leur longueur, jusqu'aux
chevilles qui étaient plantées dans la terre;
mais du milieu de cette longueur elle tombait perpendiculairement, et le reste formait la couverture. La tente contenait un
trône semblable à celui que nous avons dé-
crit ailleurs, et qu'éclairaient des fenêtres de
chaque côté de la tente. L'ameublement de
cette tente était élégant, mais sans vain
éclat et sans ornemens recherchés. Plusieurs petites tentes rondes s'élevaient en
face de celle-ci, derrière laquelle il y en
avait une oblongue réservée pour l'empereur, en cas qu'il voulût se retirer en particulier. Il y avait un sopha à l'une de ses
extrémités. Le reste était orné d'un grand
nombre de mousquets et de sabres européens et asiatiques. L'une des petites tentes
rondes devait servir à l'ambassade pour
attendre l'arrivée de l'empereur. Ce fut
dans la grande que ce monarque, assis sur

son trône, voulut recevoir avec une distinction particulière l'ambassadeur du roi
de la Grande-Bretagne.

Les princes tributaires, ceux de la famille impériale, et les grands-mandarins
de la cour formaient un groupe très - considérable devant cette tente, et chacun
était décoré des marques distinctives du
rang qu'il tenait de l'empereur. Plusieurs
courtisans étaient en partie vêtus de drap
d'Angleterre, au lieu d'étoffes de soie et
de fourrures, seul genre de vêtemens qu'ils
avaient eus jusqu'alors droit de porter en
présence du souverain. Les princes étaient
décorés du bouton rouge transparent au-
dessus de leur bonnet, marque du premier
des neuf ordres. Aucun des grands, rassemblés en cette occasion, ne portait une
marque inférieure au bouton rouge opa-
que, qui distingue le second ordre de l'état.
Quelques-uns étaient décorés de plumes de
paon, placées dans un tuyau d'agathe, et
pendantes à leur bonnet. Tous ces personnages étaient confondus dans la foule, et
leur grandeur disparaissait devant la majesté impériale.

1.   12*

Suivant l'étiquette, la manière de prouver son respect pour l'empereur est de
l'attendre long-temps. Quelques courtisans
passèrent, par ce motif, une partie de la
nuit dans le jardin, quoique le monarque
ne dût y paraître qu'un peu après l'aube
du jour.

Avant l'arrivée de ce prince, la petite
tente de l'ambassadeur fut remplie d'une
foule de personnes qui se succédaient les
unes aux autres. Parmi elles il y avait un
frère de l'empereur, homme d'une taille
avantageuse, d'un âge fort avancé, et très-
simple dans ses manières. Il y vint aussi
deux fils et deux petits-fils du souverain.
Les premiers étaient des hommes de fort
bonne mine, polis et curieux ; les autres,
jeunes, grands et extrêmement beaux. L'un
des tributaires était des environs de la mer
Caspienne : il parlait l'arabe, et connaissait
vraisemblablement un peu mieux l'Europe
que les autres.

Peu après que le jour eut paru, le son
de plusieurs instrumens, et des voix con-
fuses d'hommes éloignés, annoncèrent l'approche de l'empereur. Bientôt il parut ve-

nant de derrière une haute montagne ,
bordée d'arbres , et précédé d'un bon nombre d'hommes qui célébraient à haute voix
ses vertus et sa puissance. Il était assis sur
une chaise découverte et triomphale, portée par seize mandarins. Ses gardes , les
officiers de sa maison , les porte-étendards ,
les porte parasols et la musique l'accompagnaient. Il était vêtu d'une robe de soie , de
couleur sombre, et coiffé d'un bonnet de
velours , assez semblable pour la forme à
ceux des montagnards écossais , et sur le
devant duquel on voyait une très-grosse
perle , seul bijoux que portât cet empereur.

Ce prince entrait ce jour-là dans la qua-
tre-vingt-troisième année de son âge , qui
était la cinquante-septième de son règne.
Son air était sombre et ses yeux perçans;
mais l'ensemble de sa personne annonçait
les plus douces qualités. Il avait les manières aisées et le ton de dignité que donne
une grande élévation, et qui chez lui étaient
plutôt l'effet d'une supériorité naturelle que
celle de son rang.

En entrant dans sa tente, il monta sur
son trône par les marches de devant, sur

lesquelles lui seul a droit de passer. Son
grand colao et deux des premiers officiers
de sa maison se tenaient auprès de lui, et
ne lui parlaient qu'à genoux. Quand les
princes de la famille impériale, les tributaires et les grands-officiers de l'empire eurent été placés selon leur rang, le président du tribunal des rits conduisit l'ambassadeur anglais jusqu'au pied du côté gauche
du trône, côté qui, en Chine, est regardé
comme la place d'honneur. Lord Macartney était suivi de son page et de son interprète. Le ministre plénipotentiaire l'accompagnait. Les autres principales personnes
de l'ambassade, avec un grand nombre de
mandarins et d'officiers inférieurs, se tenaient à l'entrée de la tente, d'où elles pouvaient voir la plus grande partie de la cérémonie.

L'ambassadeur portait un habit de velours, richement brodé et orné de la plaque
de l'ordre du bain, en diamans. Par-dessus
cet habit, il avait un manteau du même
ordre, assez long pour couvrir ses jambes.
Ce manteau était un peu analogue à la manière de s'habiller des Chinois, dont les

robes larges et flottantes cachent absolument les formes du corps. Le ministre plénipotentiaire, qui était un docteur de l'u-
niversité d'Oxford, avait la robe d'écarlate
que ce grade lui donnait droit de porter.

L'ambassadeur, instruit par le président
du tribunal des rits, tint avec ses deux
mains et leva au-dessus de sa tête une
grande et magnifique boîte d'or, enrichie
de diamans, et de forme carrée, dans laquelle était renfermée la lettre du roi d'Angleterre à l'empereur. Alors, montant sur
quelques marches qui conduisaient au trône,
il plia le genou droit, fit un compliment
très-court, et présenta la boîte à sa majesté
impériale. Ce monarque la reçut d'un air
gracieux, la plaça à côté de lui et prononça
quelques paroles pour exprimer ses sentimens d'affection envers le roi de la Grande-
Bretagne.

Après quelques momens d'entretien avec
l'ambassadeur, l'empereur lui donna pour
premier présent une pierre à laquelle les
Chinois attachent un grand prix. Elle avait
plus d'un pied de long, et était parfaitement sculptée en forme de sceptre. L'am-

bassadeur et le ministre plénipotentiaire
firent ensuite au monarque, selon l'étiquette chinoise, leurs présens particuliers,
et en reçurent d'autres en retour. Durant
la cérémonie, l'empereur se montra très-
ouvert, gai, et sans la moindre affectation.
Loin de s'envelopper d'un air triste et sombre, comme on le représentait quelquefois,
il avait l'œil brillant, le regard fixe, et le
maintien aisé. S'apercevant de l'inconvénient qui résultait du besoin d'un interprète, il demanda à son premier ministre
si quelque personne de l'ambassade entendait la langue chinoise. Ayant appris que le
page de l'ambassadeur, âgé de moins de
treize ans, était le seul qui eût fait des progrès dans cette langue, il le fit avancer jusqu'auprès de son trône et l'invita à parler
chinois. Soit par ce qu'il dit, soit par sa modeste contenance et ses manières, cet enfant plut tellement au monarque qu'il tira
de sa ceinture une bourse destinée à recevoir des noix d'Arèque, et la lui présenta.
Ce don, qui était une faveur toute particulière, attira au jeune favori l'attention et
les caresses d'un grand nombre de manda-

Cet enfant plut tellement au monarque qu'il tira
une bourse de sa ceinture et la lui présenta.

rins, dont plusieurs sans doute enviaient
son bonheur. La bourse impériale n'a rien
de magnifique. Elle est tout simplement de
soie jaune, et dans son tissu elle a la figure
d'un dragon aux cinq griffes, et quelques
caractères tartares.

Après que l'empereur eut cessé de parler
aux Anglais, quelques ambassadeurs du
Pégu et des Mahométans des environs de
la mer Caspienne, furent présentés à la
droite de son trône. Ils répétèrent neuf
fois leurs humbles prosternations et furent
promptement congédiés. On conduisit en
suite l'ambassadeur d'Angleterre et sa suite
vers des coussins sur lesquels ils s'assirent
à la gauche du trône. Les princes de la famille impériale, les chefs tartares des nations tributaires et les premiers mandarins
de la cour, étaient placés, selon leur rang,
plus près ou plus loin. Les Anglais étaient
à peu près dans le milieu de l'espace qui
séparait le trône de l'extrémité de sa tente.
Il y avait une table de deux en deux personnes. Aussitôt que tous les convives furent assis, les tables furent découvertes, et
on les vit chargées d'un superbe repas. Elles

étaient petites, mais sur chacune s'élevait
une pyramide de jattes contenant une
grande quantité de viandes et de fruits. On
avait placé une table devant le trône, et
l'empereur fit honneur aux mets qui la couvraient. On servit aussi du thé. Ceux qui
présentaient les jattes et les tasses à l'empereur, tenaient leurs mains élevées au-dessus de leur tête, comme l'ambassadeur anglais lui avait offert la boîte d'or qui contenait la lettre du roi d'Angleterre.

· L'attention de l'empereur pour les Anglais fut la même pendant le repas. Il leur
envoya plusieurs plats de sa table; et quand
on eut cessé de manger, il les fit approcher
et leur présenta de sa main une coupe de
vin chinois, assez semblable à du vin de
Madère d'une qualité inférieure. Il demanda à l'ambassadeur l'âge du roi d'Angleterre, et quand on le lui eut dit, il s'empressa de souhaiter qu'il vécût un aussi
grand nombre d'années que lui, et qu'il
jouît d'une aussi bonne santé. Ce prince,
malgré son grand âge, était d'un tempéra-
ment si vigoureux, qu'à peine paraissait-il
avoir autant d'années qu'il en avait régné.

A la fin du banquet, il descendit du trône, et marcha fort droit, d'un pas ferme, et sans la plus légère apparence d'infirmité, jusqu'au palanquin qui l'attendait.

Bientôt après que l'ambassadeur fut de retour au palais qui lui servait de logement, l'empereur lui envoya des présens de soierie, de porcelaine et de thé. Les étoffes étaient en général d'un tissu fort et serré, et d'une couleur sombre, qui est celle dont les hommes font usage à la Chine. La porcelaine consistait en pièces détachées, peu différentes de celles qui parviennent ordinairement en Europe. Le thé, roulé en boules de différentes grosseurs, était de l'espèce la plus estimée à la Chine. Parmi les présens de fruits, il y avait des raisins blancs d'une espèce très-rare : leurs grains étaient de la grosseur des olives d'Espagne, et beaucoup plus oblongs.

Promenade de l'ambassadeur d'Angleterre dans les jardins de Tzé-Hol.

La première marque de civilité qui suivit l'envoi des présens de l'empereur, fut une invitation adressée à l'ambassadeur et à sa

suite pour aller voir les jardins de Tzé-Hol.
Les Anglais se rendirent dans ces jardins
de très grand matin. En se promenant, ils
rencontrèrent l'empereur, qui s'arrêta pour
recevoir les salutations de lord Macartney,
et lui dit qu'il allait faire sa dévotion dans
le *Pou-ta-la*, grand temple de *Fo*, et que
comme il n'adorait pas les mêmes dieux
que lui, il ne l'engageait pas à l'accompagner, mais qu'il avait donné ordre à ses
ministres de se promener avec lui dans les
jardins.

L'ambassadeur fut bien surpris de voir
le premier ministre qui l'attendait dans un
pavillon. Le premier personnage de l'empire après l'empereur, avait ordre dans ce
moment de dérober une partie de son temps
aux soins du gouvernement, pour tenir compagnie à un étranger dans une promenade
de pure curiosité. Le général du Thibet,
son frère, et un autre des principaux personnages de la cour, se réunirent à ce colao.

Ces Chinois prirent la peine de conduire
l'ambassadeur et sa suite, à travers de
vastes terrains plantés pour l'agrément, et
ne faisant qu'une partie de ces grands jar-

dins. Après avoir parcouru une vallée ver-
doyante, dans laquelle il y avait beaucoup
d'arbres, et surtout des saules d'une prodigieuse grosseur, les ministres chinois et
les Anglais arrivèrent sur les bords d'un
vaste lac, de forme irrégulière, et s'em-
barquèrent sur des yachts. Parvenus à un
pont qui traversait le lac dans la partie la
plus étroite, ils descendirent dans un endroit où il y avait plusieurs petits palais,
qui tous différaient les uns des autres par
leur construction, et avaient presque tous
dans leur plan quelque chose d'analogue à
leur situation et aux objets environnans.
Chacun renfermait une salle d'audience,
avec un trône au milieu, et quelques appartemens sur les côtés. Le tout était orné
d'ouvrages d'art, que l'Europe avait fournis, ainsi que des plus curieuses productions de la nature trouvées en Tartarie. On
y remarquait une agathe d'une grandeur
et d'une beauté extraordinaire, et taillée
en paysage ; elle était placée sur un pié-
destal de marbre dans un des pavillons du
bord du lac. Quelques-uns des murs des
palais étaient couverts de tableaux, repré-

sentant la chasse des Tartares. L'empereur
y était toujours peint à cheval, galoppant,
et perçant de ses flèches les animaux sauvages. Il y avait dans une chambre à coucher une belle statue de marbre, représen-
tant un enfant nu, appuyé sur ses genoux
et sur ses mains.

Les promeneurs, ayant poussé leurs cour-
ses plus loin, virent des champs où l'on
avait rassemblé tout ce que la surface d'un
pays peut offrir de productions différentes les unes des autres. Dans les uns
croissent les chênes les plus durs des pays
septentrionaux ; dans les autres les plantes
les plus délicates des vallées du midi : là où
se présentait une vaste plaine, on avait
entassé d'énormes rochers qui rendaient la
scène plus piquante, et le tout semblait
avoir été produit pour offrir le frappant
contraste de la rude et sauvage nature,
avec la même nature embellie et cultivée.

Les jardins étaient animés par le mouvement et le bruit d'un grand nombre d'oiseaux et de quadrupèdes herbivores ; mais
on n'y apercevait aucune ménagerie de
bêtes féroces. Les Anglais n'y trouvèrent

point de sentiers garnis de gravier ni d'arbres alignés, ou rassemblés par groupes.
Tout paraissait y avoir été travaillé de manière à éviter une apparence de dessein.
Il n'y avait rien de tracé en ligne droite,
rien qui tournât à angle droit. Les objets naturels semblaient accidentellement épars,
et les ouvrages de l'homme, qui atteignaient
parfaitement leur but, paraissaient avoir
été exécutés par des mains rustiques, et
sans le secours d'aucun instrument.

Pendant plusieurs heures que dura cette
promenade, le premier ministre eut les plus
grandes attentions pour l'ambassadeur, et
prouva par ses manières qu'il avait toute la
bonne éducation et la politesse d'un cour-
tisan exercé ; mais le général du Thibet
fut constamment froid et repoussant ; il ne
chercha même pas à cacher les violentes
préventions qu'il avait conçues contre les
Anglais, lorsqu'il avait pu les observer à
Canton.

*Recueil de quelques observations des An-
glais sur la Chine, à leur retour de Péking. — Encouragement pour les bonnes
actions.*

On ne néglige en Chine aucun moyen
pour exciter l'homme à faire de bonnes actions, et empêcher qu'il n'en fasse de mauvaises : on emploie pour cela l'espoir de la
louange et la crainte du blâme. Il y a un
registre public, nommé *livre de mérite*,
dans lequel on inscrit tous les exemples
frappans d'une conduite estimable; et dans
les titres d'un homme, on mentionne par-
ticulièrement le nombre de fois que son
nom a été inscrit dans ce livre. D'un autre
côté, celui qui commet des fautes est dégradé, et il ne suffit pas qu'il se borne à
ne porter que son titre réduit, il faut encore qu'il joigne à son nom le fait pour lequel il a été dégradé. Ces réglemens sont
faits principalement pour les mandarins
auxquels l'empereur ne confie l'autorité,
que pour qu'ils l'emploient à faire le bonheur du peuple.

Tombeaux dans le voisinage de la ville de Hang-Tchou-Fou.

Dans les bois qui couvrent les montagnes et les vallées, il y a plusieurs milliers de tombeaux, bâtis comme des maisons. Ils ont environ de six à huit pieds de hauteur, et sont, la plupart, peints en bleu. Le devant en est garni de piliers blancs, et ils forment de petites rues. Ceux des Chinois d'un rang élevé sont à part sur le penchant des montagnes, et bâtis sur des terrasses en demi-cercle. Ils ont des murs de pierre avec des portes de marbre blanc sur lesquelles on lit les noms, les qualités et les vertus de ceux dont ils renferment les restes. Les terrasses sont quelquefois ornées d'obélisques. Ces monumens des grandeurs que le trépas a anéantis, sont environnés de différentes espèces de cyprès, dont la couleur sombre et mélancolique semble avoir été choisie dans tous les pays pour parer les scènes de douleur. Cependant l'if des cimetières ne croît, ni en cet endroit, ni dans le reste de la Chine. Mais plusieurs tombeaux y sont ombragés par une espèce de tuya-pleureur, ou de bois des Indes, aux branches longues et pendantes, qu'on ne connaît point en Europe. Il y a dans les environs du lac qui avoisine la ville, des tombeaux de toutes les formes, en pierre, en terre et en bois. Ce lieu paraît être un des grands cimetières de *Hang-Tchou-Fou*, dont la population est de près d'un million d'âmes. Malgré cela, on rencontre des tombes dans tous les environs de cette ville. Il y en a dans les champs, dans les jardins, le long des grands chemins, et sur les bords du canal impérial. Il ne se passe guère de nuit sans que le cimetière des environs du lac ne soit visité. Des Chinois s'y rendent avec des torches pour y honorer les cendres de leurs parens ; ils décorent leurs tombes de banderoles d'étoffe de soie ou de papier peint, y sèment des fleurs, et y brûlent des parfums.

Engrais que les Chinois préfèrent pour fumer leurs terres.

Les Chinois regardent les engrais pour leurs terres comme un objet si important, que des multitudes de vieillards, de femmes,

d'enfans, incapables de vaquer à un autre
travail, sont constamment occupés à chercher des immondices dans les rues, dans
les grands chemins et sur les bords des canaux et des rivières. Ils ont un petit panier
attaché devant eux, et portent à la main
un petit râteau de bois, avec lequel ils
ramassent les excrémens des animaux et
tout ce qui peut servir de fumier. Mais
après la fiente des oiseaux, le fumier que
préfèrent les cultivateurs chinois, ce sont
les excrémens humains. Cet engrais est
mêlé, en petite quantité, avec une portion
de terre grasse, et l'on en fait ensuite des
gâteaux qui sèchent au soleil. Dans plusieurs endroits d'une ferme, près des chemins et des sentiers, on enterre de grands
vases jusqu'au bord pour la commodité des
laboureurs ou des passans. Près des grandes
routes, et à la proximité des villages, il y
a de petites maisons qui renferment des
réservoirs construits avec assez de solidité
pour que ce qu'ils reçoivent ne puisse pas
se perdre dans la terre, et sur lesquels on
jette de la paille de temps en temps, afin
d'en empêcher l'évaporation. Enfin les

Chinois mettent tant de prix au principal des ingrédiens qui constituent leurs engrais, que le vieillard le plus décrépit n'est jamais regardé comme tout à fait inutile à la famille qui le nourrit.

Description abrégée de Canton.

La ville de Canton est située au côté méridional de la rivière à laquelle elle a donné son nom. Une muraille, qui a près de trente pieds de hauteur, l'environne. Sa défense consiste dans des forts placés de distance en distance, surtout du côté de la rivière, et pourvus de canons de gros calibre, et d'une nombreuse garnison. Les rues ont de quinze à vingt pieds de large et sont pavées de pierres plates. Les maisons, construites en bois, s'élèvent rarement au-dessus d'un étage. Le devant des boutiques, décoré avec grâce, supporte un balcon, placé au milieu, et recouvert d'un auvent. On porte à un million le nombre des habitans de Canton. Ses faubourgs seuls doivent en contenir au moins la moitié.

Cette ville, comme on le sait, est le seul port de la Chine où il soit permis aux

étrangers de faire le commerce ; encore
ne le peuvent-ils faire que dans les faubourgs, qui en sont à environ une demi-
lieue. Aucun magasin de porcelaine dans le
monde entier ne peut être comparé, pour
l'étendue, la richesse et la distribution, à
ceux de Canton. Le thé occupe dans ce
port d'immenses magasins, où il est renfermé dans des caisses rangées par étages.

Les comptoirs des différentes nations de
l'Europe sont situés le long de la rivière,
sur la même ligne, et n'ont aucune communication intérieure de l'un à l'autre. Ils
sont distingués par le pavillon de leur pays,
arboré toute la journée sur la partie la plus
élevée de l'établissement.

Wampou, village très-beau et très-
peuplé, à la distance d'environ six lieues
de Canton, est l'endroit où mouillent tous
les vaisseaux, qui ne peuvent remonter la
rivière au delà.

CHAPITRE XXIII.

Détails au sujet de l'Ambassade hollan-
daise à la Chine, en 1795. — Portrait
et costume de l'empereur Kien-Long,
par M. Vanbraam, second de l'Am-
bassade.

« A Y A N T vu l'empereur de la Chine de
fort près, dit cet ambassadeur, il me semble
naturel que je dise quelque chose de sa personne et de son habillement. Son extérieur
porte tous les caractères de la vieillesse,
principalement ses yeux qui sont larmoyans,
et assez faibles pour qu'il ait de la peine à
élever sa paupière, parce qu'elle est toute
plissée et affaissée, surtout celle de l'œil
gauche. Aussi ce prince est-il obligé, lorsqu'il veut fixer ses regards sur quelque
objet qui n'est pas très-près de lui, de lever
la tête, et même de la renverser un peu
en arrière. Ses joues sont flasques et pen-

dantes ; sa barbe , qui est courte , est assez
grise.

Ses vêtemens consistent en habits garnis
d'une fourrure qui m'a paru être de la loutre
de mer , et son bonnet avait un bord de la
même matière. Quelquefois le bonnet est
surmonté d'une grosse perle. En hiver , la
parure de ce monarque est fort simple ,
quoique dans tous les temps il soit servi et
adoré comme une divinité. Il ne jouit pas
de la dixième partie des plaisirs et des amu-
semens du plus petit prince de l'Europe ,
et ses récréations ne consistent guère qu'en
jeux et en objets avec lesquels il serait difficile d'amuser le commun du peuple des contrées européennes dans les foires publiques ;
mais ne connaissant pas de jouissances plus
recherchées , et ne pouvant s'en former
l'idée , on ne peut pas dire qu'elles lui manquent. »

*Récit d'un déjeuner des Ambassadeurs
hollandais chez l'Empereur.*

« Nous nous mîmes en chemin, dit encore
M. Vanbraam, le 29 janvier à quatre heures du matin , pour nous rendre au palais

impérial, conduits dans de petites charrettes
un peu au delà d'un magnifique pont de
pierres. On nous fit entrer ensuite dans un
petit appartement du palais, pour y attendre l'arrivée de l'empereur. Avant le lever
du soleil, on nous en fit sortir pour entrer
dans une espèce de jardin. Nous y atten-
dîmes, auprès d'un grand et magnifique
bâtiment, que le monarque parût.

Peu après le lever du soleil, il arriva
dans sa chaise ordinaire, portée par huit
hommes. Nous nous agenouillâmes sur son
passage sans le saluer. Lorsqu'il fut entré
dans le bâtiment, on nous y conduisit, et
l'on nous fit entrer dans une salle, au milieu
de laquelle était le trône. On y voyait aussi
des instrumens de musique, et de petites
tables sur lesquelles on avait placé des plats
de riz, de bouillon, d'os de viande et de
boules de farine.

L'empereur s'étant assis sur son trône,
tous les invités le saluèrent, et se placèrent ensuite sur des coussins. Après avoir
un peu mangé, ce prince nous envoya un
petit plat de sa table, que remplissaient
des gâteaux de farine d'un assez bon goût.

Tandis que nous mangions, des musiciens
exécutaient un concert vocal et instru-
mental : parmi les chanteurs, il y avait un
fort gros homme, dont la voix formait la
contre-basse la plus forte que j'eusse entendu de ma vie, et avec une pureté surprenante dans le son.

Le repas fini, on apporta à chaque con-
vive une tasse de lait de fèves, que je ne
pus boire tant il était brûlé. Peu après, on
fit lever les ambassadeurs du roi de la presqu'île de Corée, et nous, pour nous conduire
vers le trône, où nous fîmes à l'empereur
les saluts d'usage. Nous reçûmes de ses
mains une tasse de *samsou* ou vin chinois ;
nous le saluâmes encore, l'ambassadeur et
moi, et nous allâmes reprendre nos places.
Lorsque nous fûmes assis, il vint quelques
farceurs parmi lesquels était un petit garçon qui exécuta, au haut d'un bambou,
les seuls tours qui méritassent quelque attention.

Peu après, le monarque se leva, et se
retira vers le palais. On nous fit alors descendre dans le jardin, où l'on avait dressé
une grande tente jaune au-dessus de trois

longues tables, sur lesquelles étaient des
tablettes de bois chargées de présens destinés aux envoyés qui assistaient à la fête.
Ces présens nous furent distribués par les
trois premiers ministres. A ceux qu'on
nous fit, on en ajouta un pour le prince
stathouder de Hollande. C'était une espèce
de sceptre à la chinoise, d'une superbe
pierre verdâtre et transparente. Cette
pièce, d'un fort beau travail et d'un
poli parfait, fut estimée deux mille pias-
tres fortes, onze mille francs, argent de
France. Elle était accompagnée de cin-
quante-cinq rouleaux de différentes pièces
de soie, qui furent remises à l'ambassadeur, et d'un certain nombre d'autres pour
les personnes de l'ambassade, proportion-
nellement à leur rang. Soixante-douze
pièces de soie mince et soixante-douze de
nanking brun furent encore remises pour
l'artiste mécanicien, et pour les dix-sept
militaires ou domestiques.

La cérémonie achevée, le premier ministre nous fit annoncer que sa majesté
avait ordonné qu'on nous montrât quelques-uns des temples et édifices renfermés

dans l'enceinte du palais impérial. Il était
onze heures et demie lorsque nous eûmes
terminé cette visite récréative.

Le surlendemain, l'ambassadeur eut
encore l'honneur de déjeuner avec l'empereur dans sa maison de campagne, située à
deux lieues au nord de Péking. La cérémonie du repas fut la même que celle qui
vient d'être racontée.

*Détails relatifs à l'audience de congé don-
née par l'empereur Kien-Long à l'Ambassade hollandaise. — Lettre de ce
prince au Stathouder.*

Le 8 février 1795, à onze heures du matin, l'ambassadeur hollandais et M. Vanbraam partirent de Péking pour se rendre
à la maison de campagne de l'empereur,
où ils devaient recevoir leur audience de
congé. Lorsqu'ils arrivèrent à Yven-Ming-
Yven, nom de cette maison, on les conduisit dans un appartement, où ils passèrent au moins deux heures. Dans cet intervalle, on leur apporta quelques restes
du dîner de l'empereur sur des plats d'or
massif. De cet appartement, on les fit

1.   13*

entrer ensuite sous des tentes, et une
heure après, on les fit monter sur une es-
planade où l'on devait tirer des feux d'artifice.

A quatre heures, l'empereur sortit du
bâtiment, et vint se placer sur son fau-
teuil, placé dans une niche. Lorsqu'il fut
assis, tous les envoyés lui furent amenés.
Ceux de chaque nation marchaient ensemble, et les Hollandais étaient les troi-
sièmes. Lorsque ceux-ci eurent fait le salut d'honneur, l'empereur fit dire à l'ambassadeur, par le premier ministre, de raconter à son prince dans quel état il l'avait
laissé, la manière dont il avait été reçu
et traité, et ce qu'il avait vu dans ses
palais.

Les divers envoyés ayant eu ainsi une
audience générale de congé, on apporta
à l'empereur, ensuite à chaque invité,
une tasse de lait de fèves. On prépara ensuite pour les Hollandais une petite table
avec de la pâtisserie et des confitures, qui
faisaient encore mieux apercevoir un plat
de mouton bouilli qu'on leur avait associé.
Le reste de l'assemblée fut servi de même.

Tandis qu'on faisait collation, des lutteurs, des musiciens et des bateleurs faisaient des tours dont le vieil empereur s'amusa tellement, qu'il fit distribuer de l'argent à cette troupe, en signe d'approbation.

Au soleil couchant, commença le feu d'artifice, dont l'exécution fut parfaite. Les dames de la cour, placées au plus haut étage du palais, eurent aussi l'agrément de participer à ce spectacle. Le feu d'artifice achevé, sa majesté impériale se rendit dans une habitation de ce lieu de plaisance, en allant en traîneau sur la glace. Les ambassadeurs la suivirent dans un autre traîneau plat, le long d'un canal tortueux. Ils mirent pied à terre fort loin du point de départ, et gagnèrent en se promenant un édifice illuminé, vers lequel l'empereur était déjà assis. Ils se placèrent sur des coussins. Quelques comédiens commencèrent d'insipides bouffonneries, après que quelques musiciens eurent chanté un morceau dont le sujet parut être la gloire du monarque célébrée par tous les peuples.

Après une pause d'une demi-heure dans

cet endroit, l'empereur se retira. Alors,
on ramena les ambassadeurs au bord du
canal, où un traîneau à glace les reçut pour
les mener, par plusieurs détours, très-
près d'une porte où ils trouvèrent des charrettes, sur lesquelles ils montèrent pour
gagner la ville et leur logement, dont ils
avaient été absens pendant neuf heures.

Rien ne leur avait été plus agréable,
malgré les secousses que les charrettes leur
avaient fait éprouver dans ce court voyage,
que la vue du superbe canal d'Yuen-Ming-
Yuen, de ses sinuosités à travers un bois
dans un sol inégal, de ses bords garnis de
rochers, qui, employés au lieu de briques
ou de pierres, ont pris, sous la main de
l'homme, une forme qu'ils semblent ne
tenir que de la nature. Combien ils s'ap-
plaudirent d'avoir vu une partie de ce châ-
teau, qui leur avait été inconnu jusqu'à ce
jour, quoiqu'ils n'eussent pas aperçu la
vingtième partie des beautés qu'il renferme
dans sa vaste circonférence !

Le 14 février, on leur apporta, dans
l'après-midi, la lettre de l'empereur pour
le stathouder. On la plaça sur une table

dans la grande cour de leur hôtel, et ils
allèrent lui faire le salut d'honneur : on la
tira ensuite de son étui de bambou pour la
leur montrer : elle était toute sur une page
d'une grande feuille de papier chinois coloré
et luisant, et écrite en tartare, en chinois
et en latin. On y joignit une liste des présens que l'empereur adressait au prince, et
de ceux qu'il faisait à chacun des membres
de l'ambassade. Le premier ambassadeur
lut la lettre latine, et la trouva fort singulière. Cette lecture achevée, la lettre,
renfermée dans son enveloppe jaune, fut
remise dans l'étui : après quoi un mandarin s'en saisit pour la délivrer aux ambassadeurs, lorsqu'ils seraient de retour à
Canton.

Peu après cette cérémonie, on commença
à mettre leur bagage sur les charrettes, jusqu'à ce que la nuit fût venue interrompre
ce travail. Dans la soirée, un ministre vint
prendre congé d'eux, et leur souhaiter un
heureux voyage. Le lendemain 15, ils partirent de Péking à trois heures et demie
de l'après-midi. A une courte distance de
cette ville, ils montèrent dans des palan-

quins beaucoup plus commodes que les
espèces de charrettes sur lesquelles ils
l'avaient traversée.

Observations des Ambassadeurs hollandais à leur retour de Péking. — Bois impérissable.

Il existe à la Chine un bois considéré
comme incorruptible , et qu'on emploie
aux cercueils. Il est de ces cercueils qui
coûtent plus de cent cinquante louis d'or
de France. Le Chinois, le moins aisé , se
procure , de son vivant, soit pour lui , soit
pour sa famille , le meilleur bois qu'il peut
acheter , et ce bois est gardé à l'entrée de
sa maison avec un soin extrême, jusqu'à ce
qu'on en ait besoin pour en faire la dernière
demeure d'un être qui n'est plus , mais auquel son orgueil a survécu.

De la rivière Jaune.

La rivière Jaune est la plus grande de
toutes celles de l'empire de la Chine , et la
plus redoutable par ses débordemens à cause
de l'impétuosité de son cours. Aussi a-t-on
voulu la contenir par de doubles digues de

chaque côté. Celle de l'intérieur est calculée
pour les crues d'eau ordinaires , et celle de
l'extérieur pour les débordemens extraordinaires ; leur surveillance est confiée aux
soins de trois vice-rois du premier ordre ,
entre lesquels leur étendue est partagée.
Chacun d'eux doit résider dans une ville
voisine de la portion qui forme son district.
Cette attribution leur fait prendre un titre
qui équivaut à celui d'intendant des digues.

Utilité générale du bambou dans la Chine.

De tout ce qui croît dans la vaste étendue
de l'empire chinois , il n'est rien sans contredit dont l'utilité surpasse celle du bambou. On n'y connaît presque rien de ce qui
est de quelque usage soit sur terre, soit sur
l'eau, dans la composition duquel ce bois ne
soit pas employé, ou à l'utilité duquel il ne
soit pas associé. Depuis les objets les plus
estimés qui servent à l'ornement des palais
du prince, jusqu'au moindre outil que ma-
nie le pauvre artisan, le bambou trouve
partout sa place. On en construit des maisons entières et tous les meubles qui les
garnissent. Dans la navigation , c'est le

bambou qui fournit et la petite corde que traîne le frêle esquif, et le câble qui, lié à l'ancre, fait la sûreté du plus gros vaisseau. Cet arbre, qui se propage avec une abondance surprenante et croît avec une rapidité remarquable dès qu'il a été placé dans un bon terrain, doit être considéré comme un des plus grands bienfaits que la nature ait accordés au sol chinois. Aussi le peuple des villes et des campagnes en multiplie-t-il sans cesse le précieux usage.

Triste condition des femmes Chinoises.

A la Chine, toutes les femmes sont un objet de commerce. Le mari a le droit, lorsque sa femme légitime tombe dans quelques-uns des délits spécifiés par les lois, de la vendre, à moins que sa famille n'aime mieux la reprendre et restituer la dot qu'elle a reçue à l'époque du mariage.

Il n'existe point de pays au monde où les femmes vivent dans une plus grande humiliation, et soient moins considérées. Celles qui ont des maris de la première classe sont toujours renfermées ; celles de la seconde sont des ménagères qui ne jouissent d'au-

cune liberté. Dans la dernière, elles par-
tagent avec les hommes les travaux les
plus pénibles et les plus grossiers. Si elles
sont mères, c'est un fardeau de plus, parce
qu'elles portent, en travaillant, leur enfant attaché sur le dos, jusqu'à ce qu'il soit
en état de marcher.

Quelque rigoureux que soit le sort de ce
sexe, ces faibles créatures le supportent
avec une patience et une soumission que
l'habitude peut seule donner et enseigner.

Description d'un magnifique tombeau élevé à un grand-mandarin.

Ce superbe sépulcre est situé dans le
Tché-Kiang, entre deux montagnes, et tout
près de la ville de Hang-Tchéou-Fou. Il a
plus de mille ans d'antiquité, et a été élevé
en l'honneur d'un mandarin du premier
ordre que sa vertu et sa fidélité ne purent
sauver de la décapitation. Accusé par ses
ennemis auprès de l'empereur, sa mort fut
ordonnée. La calomnie ayant été découverte peu de temps après, le corps de cet
infortuné ministre fut, par ordre du même
monarque, enterré avec toute la pompe ima-

ginable. Il lui fit ériger un magnifique tombeau, le nomma *Saint,* éleva son fils en dignité, et fit condamner au supplice ses per-
fides accusateurs. La tombe de cet homme
respectable forme une demi-sphère de briques. A sa gauche en est une autre plus
petite qui couvre les restes du fils de cet
infortuné; en avant et vers le milieu de la
grande tombe, s'élève un autel portant un
vase pour les parfums. Il est construit en
pierres de taille et pour les sacrifices.

Les deux tombes, construites sur une
élévation , sont séparées par un mur avec
une porte à trois passages. Le long et dans
le milieu d'une large avant-cour carrée,
depuis la première porte d'entrée jusqu'à
celle de l'intérieur , on trouve des deux
côtés plusieurs figures antiques, en pierres
de taille. Chaque rang offre trois mandarins, un cheval sellé, un bélier couché, et
un lion assis. Des deux côtés de la porte
d'entrée, on voit les statues en fonte des
quatre calomniateurs, placées deux à deux,
à genoux, les mains liées derrière le dos,
la face tournée vers le sépulcre, mais bais-
sée, avec leurs noms inscrits sur leur poi-

trine. On a conservé, après plus de deux siècles, l'usage, lorsqu'on a offert des sacrifices
au-devant du sépulcre, de frapper au front
avec un morceau de bois ou une pierre, le
visage de ces quatre scélérats.

Tout le monument est entouré de murs
et de quelques arbres. Une grande et superbe porte à trois passages en forme l'entrée qui donne sur une grande cour pavée
de pierres de taille, dont les côtés sont ornés de deux belles colonnes, aussi de pierres
de taille, et d'environ quinze pieds de hauteur. Un peu plus loin sont deux piliers
unis et carrés, de la même élévation. A ce
monument justement célèbre, le temps
semble avoir encore ajouté quelque chose
d'auguste, puisque huit cents ans se sont
écoulés depuis l'instant où, pour réparer
une erreur cruelle, mais involontaire, l'empereur le fit élever comme une réhabilita-
tion de la mémoire de ce vertueux ministre
d'état.

CHAPITRE XXIV.

Détails sur la dernière ambassade de lord Amherst à la Chine, en 1816.

Lord Amherst partit de Portsmouth le 9 février 1816, en qualité d'ambassadeur auprès de l'empereur de la Chine, sur la frégate l'*Alceste*, suivie du brick *la Lyre* et d'un bâtiment de la compagnie des Indes. Il arriva dans la mer Jaune au commencement de juillet, et débarqua le 9 août dans le golfe de Petchéli, à peu de distance de Péking. Tandis qu'il était en route pour se rendre dans cette capitale, les mandarins employèrent tous les moyens possibles pour le déterminer à se soumettre à la cérémonie du *ka-tou*, qui consiste à se prosterner et à se frapper neuf fois le front contre terre en présence de l'empereur. Cette humiliation est exigée par le cérémonial chinois de tous les souverains de l'uni-

vers, que la cour de la Chine regarde
comme autant de tributaires, non-seulement quand leurs envoyés sont admis à
l'audience du monarque, mais même lorsqu'il leur envoie un message ou un mets de
sa table. Lord Macartney refusa de s'y
soumettre en 1793 ; les Hollandais ne
purent s'en dispenser en 1795. Lord Amherst, ne voulant pas les imiter, offrit de
rendre à l'empereur toutes les marques
de respect compatibles avec la dignité du
souverain qu'il représentait et avec l'honneur de sa nation. Les choses n'ayant pu
s'arranger, l'ambassade, quelques jours
après son arrivée à Péking, fut congédiée
avant d'avoir été reçue. L'empereur se
trouvait alors à sa maison de campagne.
Ecoutons ce prince parler lui-même dans
la gazette de Péking, du 4 septembre 1816.

« Si les Anglais, envoyés en dernier
lieu par leur gouvernement avec un tribut de présens d'un grand prix, n'ont pu
approcher de notre personne à *Tien-Sing*,
d'après les cérémonies d'usage, et s'ils ont
été reconduits à leurs vaisseaux pour retourner dans leur patrie, la faute en doit

être attribuée à *Lalingue* et à *Quang-Hoï*
(deux ministres d'état.) Quand ils furent
arrivés à *Tong-Héou*, comme ils n'a-
vaient point encore rempli les formalités
d'usage, *Ho-Tsé-Tai* et *Neou-Ké-Tong*
(deux mandarins), se sont rendus coupables d'avoir fait à leur sujet un rapport
confus et erroné, et de les avoir conduits
à la cour sans nulle préparation de leur
part. Le septième jour, moi, l'empereur,
ayant donné mes ordres, et étant monté
sur mon trône impérial, j'ai appelé ces
envoyés à mon audience. Mais comme ces
envoyés et leur suite avaient voyagé toute
la nuit depuis Tong-Héou, qu'ils étaient
venus directement au palais sans s'être arrêtés à la résidence préparée pour eux,
et que leurs habits de cérémonie n'étaient
pas encore arrivés, ils ne purent m'être
présentés. Si à cette époque Ho-Tsé-Tai
m'avait fait un rapport conforme à la vérité, j'aurais certainement donné mes ordres, et j'aurais changé le jour de l'audience, afin de répondre aux intentions
de ces envoyés qui étaient venus de si loin
pour se rendre à ma cour. Au contraire,

il m'adressa des rapports rédigés dans un style peu respectueux, en conséquence desquels les cérémonies ne purent être observées, et les envoyés furent congédiés. L'erreur et la mauvaise conduite de Ho-Tsé-Tai dans cette affaire sont inexcusables.

» Les arrangemens pour l'affaire du jour avaient été faits. A l'exception du ministre *Totsin*, absent pour cause de maladie, de *Tou-Kao* et de *Leu-Ym-Po*, dont la présence n'avait point été demandée, tous les princes, seigneurs, et grands-officiers de l'état et du palais étaient rassemblés dans les premières salles. Plusieurs d'entre eux ont dû être témoins oculaires de toute l'affaire, et doivent être convaincus qu'il était du devoir de ces ministres de me faire un rapport exact, et de me prier de changer le moment de l'audience. Néanmoins ils restèrent immobiles pendant que l'affaire allait mal. Quoique Ho-Tsé-Tai fût visiblement dans le trouble et l'erreur, personne ne se mit en mouvement pour l'instruire.

» Après l'audience impériale, quelques personnes qui connaissaient la vérité, dé-

couvrirent l'erreur et l'irrésolution de Ho-
Tsé-Tai. Mais pourquoi s'adressèrent-elles
à moi plutôt qu'à lui? Pourquoi ne l'enga-
gèrent-elles pas à me rapporter la vérité?
C'est ainsi que dans les affaires pressantes,
leur contenance est toujours composée et
tranquille, et qu'ils en regardent le mauvais succès d'un œil d'indifférence. On ne
peut voir une telle conduite dans des circonstances difficiles sans soupirer profondément. L'affaire dans laquelle Ho-Tsé-
Tai a erré, est en elle-même de peu d'importance. Cependant les officiers de la cour
s'y sont montrés privés de capacité pour
le service de leur pays. Que dorénavant
ils se dépouillent de tout sentiment d'é-
goïsme. Celui qui manque de fidélité ou
d'esprit public, ne saurait prétendre que
l'affaire ne le regarde pas personnellement.
Qu'il règle sa conduite d'après le véritable
esprit des instructions que j'ai données à
diverses reprises. »

Cependant l'empereur, dont les dispositions violentes et capricieuses le deve-
naient encore davantage par sa passion
pour les boissons enivrantes, craignit,

dans un moment de sang-froid, que le
renvoi de l'ambassade n'eût quelques suites
sérieuses. Il sollicita l'échange de quelques
présens ; dit qu'il était satisfait du respect
du roi d'Angleterre, qui avait envoyé de
si loin un ambassadeur pour lui rendre
hommage ; rejeta tout le blâme sur celui-
ci, qui avait refusé de lui rendre les honneurs qu'exigeaient les règles ordinaires de
la politesse, et ordonna que l'ambassade,
dans son voyage par terre à Canton, fût
traitée avec le plus grand respect.

Pendant que ceci se passait à Péking,
l'*Alceste* et *la Lyre* s'occupaient à reconnaître les côtes, et y relevaient un grand
nombre d'erreurs géographiques, principalement sur celle de Corée. Ces vaisseaux
découvrirent plusieurs îles inconnues jusqu'alors, et leur donnèrent des noms. Ils
se rendirent ensuite vers les îles de Liéou-
Kieou, au sud du Japon, et se radoubèrent à
Grand-Leuchen, la principale d'entre elles.

De retour à Canton, les vaisseaux furent
indignement traités par le vice-roi. Ils ne
purent se procurer de l'eau fraîche et des
provisions que par ruse et à la faveur de la

nuit. Enfin, on refusa à l'*Alceste* la permission d'entrer dans la rivière. Le capitaine Maxwetl, persuadé que l'honneur de son pavillon lui défendait de déférer aux volontés du vice-roi, avança sans permission. Les deux forts firent feu contre lui ; et il leur riposta avec tant de succès que bientôt ils furent réduits au silence. Le lendemain, le vice-roi, changeant de ton, l'envoya féliciter sur son arrivée dans la rivière, et montra plus de politesse, depuis qu'on l'avait traité comme il le méritait.

L'ambassade, pendant son voyage dans l'intérieur de la Chine, y recueillit peu de lumières sur cet empire. Le peuple chinois lui parut avoir toujours le même éloignement pour toute innovation. On n'avait pas entendu parler dans l'intérieur du pays de la guerre des Anglais contre le Népaul, vaste contrée qui avoisine l'empire chinois au sud-ouest. On ne savait pas même où ce pays est situé. Les Anglais virent peu de soldats ; le plus grand corps militaire qui se trouva sur leur route n'excédait pas six cents hommes : la terre leur parut en général bien cultivée.

Nous observerons ici que la relation de cette ambassade , quelques détails qu'elles nous donne sur la Chine , ne nous en apprend pas quelque chose de bien nouveau , et qu'il faut bien se garder d'ajouter foi à tout ce qu'un ambassadeur mal accueilli a pu dire sur le souverain de la Chine et sur sa nation.

CHAPITRE XXV.

Extraits ou analyses de plusieurs édits , déclarations , ordonnances et instructions des Empereurs des différentes dynasties , ainsi que d'un certain nombre de discours et de remontrances de leur plus habiles ministres. — Déclaration de l'empereur Vou-Ti , portant abrogation d'une loi qui défendait de critiquer les actes de son gouvernement.

« D u temps de nos anciens empereurs, on exposait à la cour, d'un côté, une bannière

où chacun pouvait écrire et proposer librement le bien qu'il jugeait nécessaire; de
l'autre côté, une planche où chacun pouvait marquer les défauts du gouvernement,
et ce qu'il y trouvait à reprendre. C'était
pour faciliter les remontrances et se procurer de bons avis. Parmi nos lois actuelles,
j'en trouve une qui fait un crime de mal
parler des opérations du gouvernement :
c'est le moyen, non-seulement de nous
priver des lumières que nous pouvons recevoir des sages qui sont éloignés, mais
encore de fermer la bouche aux officiers
de notre cour. Comment donc désormais le
prince sera-t-il instruit de ses fautes et de
ses défauts ? Cette loi est sujette à un autre
inconvénient : sous prétexte que les peuples ont fait des protestations publiques et
solennelles de fidélité, de soumission et de
respect à l'égard du prince, si quelqu'un
paraît se démentir en la moindre chose, on
l'accuse de rébellion. Les discours les plus
indifférens passent auprès des magistrats,
quand ils le veulent, pour des murmures
séditieux contre le gouvernement. Ainsi,
le peuple, simple et sans lumière, se

trouve, sans y penser, atteint d'un crime capital. Non, je ne le puis souffrir ; que cette loi soit abrogée. »

Autre déclaration du même Empereur pour se procurer des hommes de mérite.

« *Kao-Li*, après avoir délivré l'empire des maux qu'il souffrait, s'occupa constamment de se procurer des gens de mérite. Il mit en place ceux qu'il trouva, et ne leur recommanda rien avec plus d'instance que de l'aider à bien gouverner. C'est ainsi que, soutenu du puissant secours de *Tien*, il fut possesseur paisible de ce vaste empire, et fit ressentir ses bontés à toutes les nations voisines. De lui m'est venu le pouvoir souverain; grands de ma cour, vous le savez. Vous n'ignorez pas non plus, d'après ce que je vous en ai dit moi-même, que je n'ai, pour en soutenir le poids, ni assez de vertu, ni assez de lumières.

C'est la raison qui me détermine à enjoindre à tous ceux qui sont en place, depuis les princes jusqu'aux simples magistrats, de me chercher avec soin des gens de mérite qui aient ou un grand usage du monde,

ou des lumières étendues sur toutes les affaires de l'état ; mais surtout qui soient
doués de la droiture et de la fermeté nécessaires pour m'avertir librement de ce qu'ils
jugeront répréhensible. J'en voudrais un
bon nombre en tout genre pour suppléer
à mon peu de capacité. »

Le luxe était grand et l'agriculture négli-
gée sous le règne de l'empereur Vou-Ti.
Ce prince s'adressant un jour à un de ses
ministres, lui dit : « Je voudrais réformer
mes peuples ; suggérez m'en les moyens :
dites-moi comment il faut que je m'y
prenne. » Le ministre lui répondit ainsi par
écrit :

« Prince, je pourrais vous proposer
l'exemple d'*Yao, Chun, Yu, Tang*, etc. ;
mais ces règnes fortunés sont trop éloignés
de nous. A quoi bon remonter si haut ? je
m'arrête à des temps plus proches de nous
et à des exemples domestiques. Ce sont ceux
de *Ven-Ti* que je vous propose. Son règne
est si voisin de nos jours, que quelques-
uns de nos vieillards ont eu le bonheur de
le voir : or *Ven-Ti*, élevé à la dignité d'empereur, possédant ce vaste empire que vous

possédez aujourd'hui, portait des habits simples, sans ornemens, et même d'un tissu assez grossier. Sa chaussure était d'un cuir mal travaillé : une courroie ordinaire lui servait à tenir son épée : ses armes n'avaient rien de recherché ; son siége était une natte des plus communes ; ses appartemens n'avaient point de meubles précieux et brillans ; des sacs, pleins d'écrits utiles qu'on lui présentait, en formaient toute la décoration. La sagesse et la vertu étaient les seuls ornemens de sa personne : la charité et la justice étaient les règles de sa conduite. Tout l'empire, saisi d'admiration pour ses exemples, s'appliquait à s'y conformer.

» Aujourd'hui nous voyons toute autre chose ; votre majesté se trouve à l'étroit dans l'enceinte d'un palais qui ressemble à une grande ville. Elle entreprend tous les jours de nouveaux bâtimens, et leur donne des noms magnifiques.

» Dans les appartemens intérieurs, vos femmes sont chargées de diamans, de perles et d'autres ornemens précieux. Vos chevaux sont superbement enharnachés.

Vos chiens mêmes ont des colliers de prix;
enfin il n'y a pas jusqu'au bois et à l'argile
que vous faites revêtir de broderie ; témoins ces chars de comédie dont vous aimez les évolutions: tout y brille; tout y est
riche et recherché. Ici, vous faites fondre
et placer des cloches qui pèsent cent mille
livres; là, on fabrique des tambours qui le
disputent au tonnerre : enfin , ce ne sont
que comédies, concerts, ballets, où des filles
sans mœurs font briller leurs talens pour
la danse. Franchement, porter le luxe à ce
point, et vouloir en même temps inspirer
à vos sujets la frugalité, la modestie, la tem-
pérance, et du zèle pour l'agriculture, c'est
vouloir l'impossible. Si c'est tout de bon
que votre majesté me consulte; si elle
veut fermement suivre mon avis; je pense
qu'elle ferait bien de rassembler tout cet
attirail de vains ornemens, de l'exposer
dans un carrefour, et d'y faire mettre le
feu pour convaincre les peuples qu'elle en
est entièrement désabusée. »

Réponse de l'empereur Quang-Vou *à un mémoire qu'on lui présenta pour l'engager à faire la guerre aux barbares du Nord.*

« Je me souviens d'avoir lu que ce qui est faible et flexible en apparence l'emporte souvent sur ce qui est raide et fort. C'est une pensée qui prouve que ce qu'on appelle force et puissance doit céder et cède en effet à la douceur et à la vertu. Aussi a-t-on coutume de dire que quand un prince est vertueux, ce qui fait son plaisir fait aussi celui de son peuple, au lieu que lorsque le prince est sans vertu, ses plaisirs sont de nature à ne pouvoir être goûtés de ses sujets. On ajoute avec raison que les plaisirs du premier sont durables et font même sa sûreté ; mais que ceux du second sont courts et causent sa perte. Celui qui cherche des affaires au dehors, se fatigue sans nul profit ; celui qui se borne à celles du dedans, les conduit sans embarras et heureusement jusqu'à la fin. Voit-on le prince tranquille, on s'attache à lui. A-t-il des affaires embarrassantes, bien des brouillons en profi-

1.   14*

tent. De là vient cette maxime : Celui qui
cherche à étendre son domaine, le rend désert et stérile ; celui qui cherche à croître
en vertu, voit en même temps croître ses
forces. Est-on content de ce qu'on a, on le
conserve sans de grands efforts. Veut-on
envahir ce qui appartient à d'autres, il
faut se fatiguer à nuire et à détruire. Des
victoires de cette nature sont dans le fond
de vraies défaites. Mon gouvernement est
encore très-imparfait ; mon empire souffre
souvent des calamités publiques. Mon pauvre peuple a peine à vivre et passe assez
tristement ses jours. Que serait-ce, si, par
des entreprises à contre-temps, j'augmen-
tais encore sa misère ! »

Lettre de l'empereur Tchang-Ti *au* Vang,
ou roi de Tong-Ping.

Tchang-Ti, donnant un jour un festin
aux grands-officiers de sa garde dans un de
ses appartemens du midi, passa par hasard,
en s'y rendant, devant une grande salle où
l'on gardait les habits et les meubles qui
avaient été à l'usage de l'impératrice
Quang-Lie ; épouse de *Quang-Vou*, son

grand-père. A cette vue, il changea tout à coup de visage, et, sur-le-champ, il donna ordre qu'on réservât de tout cela un habit de cérémonie pour chaque saison, et cinquante cassettes de vêtemens ordinaires. Ensuite, il envoya tout le reste aux *Vang*, par un exprès qu'il fit partir pour chacun d'eux. Il fit plus pour celui de *Tong-Ping* qui commandait les frontières, car il accompagna son présent de la lettre suivante :

« Ces jours-ci, traitant les officiers de ma garde dans les appartemens du midi, j'ai passé en y allant devant la salle où se garde ce qui a autrefois servi à mon aïeule *Quang-Lie*. Confucius dit : Quand nous voyons ce qui a été à l'usage d'une personne dont la mémoire nous doit être chère, et que cette personne n'est plus, les sentimens de tendresse et de regret naissent naturellement dans notre cœur. Je l'ai éprouvé dans cette occasion. Vous êtes trop bon fils (1) et trop bon ami pour ne pas

_____

(1) Le *vang* de *Tong-Ping* était aussi un petit-fils de Quang-Vou.

éprouver le même sentiment en recevant ce que je vous envoie. C'est une caisse des vêtemens qu'a laissés l'impératrice *Quang-Lie*; et un de ses ornemens de tête. Cela pourra vous être de quelque consolation quand vous regretterez le plus vivement de l'avoir perdue, et vos descendans verront par-là quels étaient de nos jours les habits de l'impératrice. La famille de Confucius conserve encore aujourd'hui son chariot, sa chaise, son bonnet et ses souliers. Telle est la force de la sagesse; quand elle a été éminente, elle rend long-temps recommandable le nom des personnes qui l'ont possédée. A mon présent, je joins un cheval du pays de Ouan. Cet animal a cela de singulier qu'il rend du sang par un petit trou qu'il a naturellement sur l'épaule. Une chanson, composée sous le règne de *Vou-Ti*, célèbre un cheval qu'on nommait Céleste, et qui, dit-on, suait du sang. Nous avons dans celui-ci quelque chose de semblable. Hélas! pendant que je vous écris cette lettre, peut-être courrez-vous pour arrêter quelque irruption ou pour soutenir les postes occupés par nos troupes.

Je pense souvent à vos alarmes et à vos fatigues, et j'y suis tout à fait sensible. Traitez-vous bien, je vous le recommande, et ne vous refusez rien. Je souhaite fort de vous revoir bientôt. »

Discours d'un vice-roi à de jeunes étudians.

Sous la septième dynastie, un vice-roi, nommé *Tsin-Yu-Pou*, ouvrit un grand collége à *Pan-Yang*. Il en fit connaître l'ouverture par un écrit où il en exposait le réglement. Il s'y rendit plus de sept cents jeunes étudians. Le jour où commencèrent les exercices, ce fondateur leur adressa le discours suivant :

« Vous voici, jeunes étudians, assemblés en fort grand nombre, tous destinés à remplir un jour les emplois les plus importans ; tous dans la fleur de l'âge, et pleins d'une ardeur qui me cause la plus douce satisfaction. Aujourd'hui s'ouvre pour vous cette nouvelle académie : qu'y venez-vous faire ? sans doute vous y venez apprendre à bien parler, à bien écrire, et surtout à bien vivre. Vous y venez jeter les fondemens d'une éminente vertu, vous rendre capa-

bles de ce qu'il y a de plus grand dans l'état ;
en un mot, étudier sérieusement la véritable
sagesse.

» Il est important de vous prévenir que ce
genre d'étude ne présente rien au premier
coup-d'œil de bien agréable et de bien pi-
quant , et qu'il arrive souvent qu'on se dé-
goûte des commencemens ; mais avec le
temps , c'est toute autre chose. Comme différens exercices se succèdent les uns aux
autres, on s'y perfectionne peu à peu ; on
acquiert chaque jour par la lecture de nouvelles connaissances , on fait soi-même des
découvertes ; on s'étudie à les approfondir ;
l'esprit s'ouvre ; le cœur se dilate ; on sent
ce que vaut cette sagesse ; on goûte dans
cette recherche un plaisir qui surpasse tous
les autres , et les vaut tous ensemble ; enfin,
on est heureusement surpris de se trouver
tout changé , sans qu'on se soit presque
aperçu comment s'est opéré ce changement.
La teinture que prennent l'esprit et le cœur,
en étudiant avec ardeur et constance , l'emporte pour la durée sur les teintures les plus
estimées. Celles-ci , ou s'effacent à la longue , ou du moins perdent beaucoup de

leur éclat; mais l'autre n'est point sujette
à ce dépérissement, quand elle est bien
prise.

» Pour bien prendre cette teinture spirituelle, il faut, en quelque chose, imiter
les teinturiers. Ces ouvriers commencent
par bien préparer l'étoffe qu'ils ont à tein-
dre; ils donnent ensuite à ce fond les couleurs qu'ils lui destinent. C'est ainsi que tout
homme sage en agit dans la morale. Au dedans, un cœur pur et droit ; au dehors,
des actions qui répondent à ces vertueuses
dispositions. Voilà ce qui est essentiel, in-
dispensable ; mais chacun peut y donner
plus ou moins de lustre, selon les dispositions plus ou moins heureuses qu'il a, et
selon son application plus ou moins persé-
vérante à l'étude. Au reste, quoique les
talens ne soient pas égaux, quand on ne
profite pas en étudiant, c'est bien moins
faute de talent que de résolution. On peut
être bien monté, dit le proverbe, sans
avoir le cheval *ki* (1) ; sans égaler tout à

_____

(1) Cheval fameux.

fait *Yen-Tse* (1), on peut être bon disciple. Le grand point est d'être constant :
vous commencez à couper et à scier , puis
vous cessez aussitôt : fût-ce un arbre tendre
ou pourri, on ne pourra ni le couper ni le
scier fort promptement. Au contraire , en
continuant le travail, on taille et l'on scie le
marbre le plus dur.

» Courage donc, jeunes étudians, vous voici
dans ce collége uniquement occupés à vous
instruire des grandes règles , qui nous ont
été laissées par nos anciens sages : avec les
secours que vous avez, vous pouvez espérer
d'avancer dans peu d'années , de vous faire
bientôt respecter de ceux de votre âge, de
vous attirer les éloges du public, de vous
faire même estimer des gens qui sont en
place à la cour, et d'entrer par-là de bonne
heure dans les emplois. Il s'est trouvé des
personnes qui , sans vivre dans la retraite
comme vous , sans avoir les secours que
vous avez, et même avec des empêchemens

_____

(1) Celui des disciples de Confucius que ce philosophe
aimait le plus.

de nature ou de fortune, n'ont pas laissé de devenir d'excellens écrivains, de fameux ministres, et de très-grands hommes; mais c'étaient des génies extraordinaires, et qui ne peuvent servir de règles. Celui qui ne possède pas ces rares talens, doit travailler à former, pour ainsi dire, un grand fleuve, en rassemblant des gouttes d'eau, ou à élever une montagne en unissant des grains de sable. Ce sont là des entreprises à ne pas réussir sans persévérance. Telle est la vôtre, jeunes étudians; il est impossible que vous ne fassiez pas des progrès, si, renonçant, pour un temps, à tout autre soin, vous vous appliquez tout de bon et avec ardeur, et si vous rapportez à un but toutes vos études; quoique peut-être vous ne puissiez pas marcher tous d'un pas égal, il n'est cependant aucun de vous qui ne puisse aller très-loin. »

Extrait d'une ordonnance de l'empereur
Tsai-Tong.

« On me rapporte de divers endroits que les peuples rentrent dans le devoir, que les vols deviennent rares, et que les prisons de plusieurs villes se trouvent vides. J'ap-

prends ces nouvelles avec plaisir ; mais je
n'ai garde d'attribuer ce changement à
mes soins et à mes exemples. Voici les réflexions que je fais : On est las, me dis-je
à moi-même, des troubles et des rapines ;
on se remet dans le chemin de la vertu. Il
faut tâcher de profiter de ces heureuses dispositions pour convertir tout l'empire. Mes
expéditions militaires m'ont fait parcourir
une bonne partie de mes provinces. A chaque village que je rencontrais, je soupirais,
en me frappant la poitrine, de voir la misère du pauvre peuple. Instruit par mes
propres yeux, je défends qu'on occupe
même un seul homme à des corvées inutiles. Je travaille de mon mieux à mettre
à l'aise tous mes sujets, afin que les pères
et mères soient plus en état de bien élever
leurs enfans, et qu'à leur tour les enfans
s'acquittent mieux de tous leurs devoirs à
l'égard de leurs parens, et qu'avec la piété
filiale toutes les autres vertus fleurissent.

» Pour faire connaître à tout l'empire que
je n'ai rien plus à cœur que cette vertu, en
publiant cette ordonnance, je veux qu'on
donne dans chaque district à ceux qui se

distinguent par leur amour pour leurs parens, cinq charges de riz; à quiconque est
âgé de plus de quatre-vingts ans, deux
charges; aux nonagénaires, trois; autant
aux centenaires et deux pièces d'étoffes;
et une charge à chaque femme qui mettra
au monde un garçon. Quant à ceux que les
malheurs des temps ont forcés à quitter
leur pays, qu'on ait soin qu'ils y retournent;
et qu'à leur retour on leur fournisse à mes
frais de quoi se rétablir suivant leur précédente condition. J'ordonne aussi aux offi-
ciers-généraux de chaque province d'examiner avec soin quels sont les excellens, les
bons et les mauvais officiers subalternes, et
de m'en envoyer la liste cachetée. Qu'ils
aient encore soin de s'informer, chacun dans
l'étendue de son ressort, s'il se trouve, dans
quelque condition que ce soit, des hommes
dans lesquels on reconnaisse un vrai talent
pour les affaires ou pour la guerre, ou qui
se distinguent par leurs vertus, et qu'ils me
fassent parvenir à leur sujet un mémoire
détaillé. Enfin, *s'il en est qui, après s'être
livrés aux désordres dans les derniers troubles, ont gagné sur eux de se corriger dans*

ce temps de paix, je veux aussi qu'on m'en
instruise. Savoir pleurer ses fautes, et se
corriger, c'est une chose que bien des sages
princes ont estimée, et dont je fais cas à
leur exemple. »

Réflexions d'un Auteur chinois sur le jeu
des échecs.

« Quelques personnes ont dit que le jeu
des échecs venait de l'empereur *Yao*, et
que ce prince l'avait inventé pour instruire
son fils dans l'art de gouverner les peuples
et de faire la guerre, mais rien de moins
vraisemblable. Le grand art d'Yao consistait dans la pratique des cinq vertus principales, dont l'exercice lui était aussi fami-
lier que l'est à tous les hommes l'usage des
pieds et des mains. Ce fut la vertu, et non
les armes, qu'il employa pour réduire les
peuples les plus barbares.

L'art de la guerre, dont le jeu des échecs
est comme une image, est l'art de se nuire
les uns aux autres. Yao était bien éloigné
de donner à son fils de pareilles leçons. Le
jeu des échecs n'a sans doute commencé que
depuis ces temps malheureux, où tout

l'empire fut désolé par les guerres. C'est une invention très-peu digne du grand Yao. »

Un autre lettré parle ainsi du même jeu :

« Dans notre siècle, hélas! combien de gens, laissant là l'étude de nos anciens livres, se font une occupation des échecs ! On s'y livre avec un si grand acharnement, qu'on néglige tout le reste, même le boire et le manger. Le jour vient-il à manquer, on fait allumer les chandelles; on continue, et quelquefois le jour revient avant qu'on ait fini. On épuise à cet amusement son corps et son esprit. A-t-on des affaires, on les néglige. Vient-il des hôtes, on les éconduit. Vous n'obtiendriez pas de ces joueurs, que, pour le plus grand repas de cérémonie, ou pour la plus belle musique, ils interrompissent leurs frivoles combats. A ce jeu, comme à tout autre, on peut perdre jusqu'à ses habits. On se trouble, on se chagrine, on s'irrite; et pourquoi? pour demeurer maître d'un champ de bataille, qui n'est qu'une planche; ou pour remporter une victoire par laquelle jamais vainqueur n'a obtenu ni titres, ni appointemens, ni terres.

» Il y a de l'habileté à bien jouer ce jeu, je le veux croire; mais c'est une habileté inutile à l'état en général et aux familles en particulier. C'est un chemin qui n'aboutit à rien. En effet, si j'examine à fond ce jeu par rapport à l'art de la guerre, je n'y trouve point de conformité avec les leçons que nous en ont laissées les maîtres les plus fameux. Si je l'examine par rapport au gouvernement civil, j'y reconnais encore moins les maximes de nos sages. L'habileté de ce jeu consiste à surprendre son adversaire, à lui tendre des embûches, à profiter de ses fautes. Est-ce ainsi qu'on inspire la bonne foi et la droiture ? Piller, tuer, et d'autres termes semblables, sont le langage de ces joueurs : est-ce ainsi qu'on inspire la bonté et la clémence ? Enfin, le moins qu'on puisse dire de ce jeu, comme des autres, c'est qu'il détourne des occupations utiles. Si cet homme avait donné à l'étude de nos anciens livres, le temps qu'il a perdu à de jeu, il serait aujourd'hui un autre *Yen-Tse* (1). Si tel autre, au lieu de s'y attacher, était entré dans le gouvernement, nous aurions en lui un *Leang-Ping* (2); enfin, si tel autre avait mis autant d'application à son commerce, ses richesses égaleraient celles d'*Y-Nu* (le crésus de la Chine). Qu'il y a loin de ce que sont ces joueurs à ce qu'ils pouvaient être! »

CHAPITRE XXVI.

Anecdotes relatives à quelques Princes héréditaires de l'Empire chinois.

L'EMPEREUR *Kao-Ti* songeait à dégrader le prince héréditaire, pour mettre à sa place un autre fils qu'il avait eu d'une de ses secondes femmes, nommée *Tsi*. Il y avait bien des oppositions à vaincre et des mesures

(1) Nom du plus vertueux disciple de Confucius.
(2) Nom d'un ministre estimé.

à garder. Comme ce dessein n'était pas encore exécuté, l'impératrice chercha quelqu'un qui pût, par ses conseils ou autrement, conserver l'empire à son fils. On lui indiqua un ancien seigneur de la cour, homme fort éclairé, qui, s'étant retiré, fermait sa porte à tout le monde. Cette princesse envoya aussitôt vers lui deux de ses confidens, pour lui apprendre ce qui se passait, et lui demander conseil dans une occasion d'une si grande importance pour le repos de l'empire.

« Dans l'état où sont les choses, dit ce seigneur, adresser des remontrances à l'empereur, ce serait peut-être le presser de terminer l'affaire. Voici un expédient qui me vient, qu'on peut tenter, et qui peut réussir; car je connais *Kao-Ti*, il ne veut pas troubler l'empire. Je connais quatre hommes qui n'ont rien à craindre : ce sont quatre vénérables vieillards qui, voyant le peu de cas qu'on faisait des lettrés, se sont retirés à la campagne, et n'ont jamais voulu prendre d'emploi. L'empereur les connaît de réputation, fait cas de leur intégrité, et sait qu'il n'y a point de trésors capables de les corrompre. Il faut que le prince héréditaire leur écrive une lettre respectueuse ; qu'il leur envoie des chariots, et dépêche vers eux un homme intelligent qui les engage à se rendre auprès du prince. Quand ils seront arrivés, ce prince les traitera comme ses hôtes, et les retiendra auprès de sa personne, de manière que l'empereur s'en aperçoive et se persuade que ces hommes respectables, et tous ceux qui leur ressemblent, sont attachés à son fils. »

L'impératrice ne manqua pas de suivre ce conseil à la lettre. L'arrivée des quatre vieillards en attira d'autres, et l'on voyait chaque jour avec le prince héréditaire un grand nombre d'hommes vénérables par leur sagesse et par leurs cheveux blancs. L'empereur, qui s'en aperçut, et qui en remarqua surtout quatre auxquels les autres témoignaient beaucoup de respect, leur demanda un jour qui ils étaient. Chacun d'eux ayant dit son nom : « Comment, c'est vous ! s'écria l'empereur ; j'ai souvent entendu parler de votre mérite. J'ai voulu plusieurs fois vous élever en dignité, et

1. 15

toujours vous avez persisté à vivre dans la retraite. Aujourd'hui, sans qu'on vous recherche, vous voici à la suite de mon fils. Quelle peut être la cause de ce changement ? — Nous vous le dirons, prince, avec franchise, répondirent les vieillards ; car pourquoi dissimuler ? Nous nous sommes condamnés à la retraite pour ne pas nous exposer au mépris qu'on faisait des lettrés. Un prince, votre héritier, pour lequel il n'y a point d'homme vertueux qui ne présentât volontiers sa tête à couper ; un prince d'une piété vraiment filiale, d'une bonté universelle, d'une bienveillance particulière pour les gens de lettres, est cause que nous avons quitté nos campagnes pour venir passer auprès de lui le peu de temps qui nous reste à vivre. — C'est fort bien, reprit l'empereur ; donnez-vous la peine de continuer à bien instruire mon héritier. »

Ces quatre vieillards, après les cérémonies ordinaires, se levèrent et se retirèrent. L'empereur, ne les perdant pas de vue, fit venir Tsi, sa seconde femme, et les lui montrant du doigt : « Vous savez, lui dit-il, ce que je voulais faire en faveur de votre fils : c'était bien sérieusement ; mais le prince héréditaire ayant pour lui ces sages vieillards, il ne faut plus y penser. » Tel fut le succès du conseil que le vieux seigneur avait donné à l'impératrice.

Ho-Ai, fils de l'empereur *Hoei-Ti*, et désigné son successeur, perdit sa mère de bonne heure. Quand il fut en âge de pouvoir entrer dans les affaires, un ministre, nommé *Kia-Mié*, fit à l'impératrice régnante un rapport calomnieux au sujet de ce jeune prince. Cette princesse qui ne l'aimait point, crut facilement le mal qu'on disait de lui ; mais comme il n'y avait pas de raison suffisante pour le faire déshériter, elle fit semblant de soupçonner que le rapport était faux. Elle retint donc long-temps auprès d'elle Kia-Mié pour le questionner, et, partie par artifice, partie par force, elle l'enivra, et lui fit écrire, avec un tour malin qu'elle lui suggéra, le rapport qu'il lui avait fait ; après quoi, elle porta cet écrit mensonger à l'empereur. L'artifice était grossier et facile à découvrir. Cependant l'empereur, prince sans lumières, ne vit pas que ce rapport

n'était fondé sur aucune démarche réelle
de son fils, et la plupart des grands ne
furent pas plus clairvoyans que lui à cet
égard. Un seul pénétra le fond de l'intrigue,
mais soit crainte, soit intérêt, il négligea
de la mettre dans tout son jour. L'empereur n'ouvrit pas les yeux ; le jeune prince
fut dégradé, et mourut sans avoir pu se
justifier.

Hien-Kong, roi de *Tsin*, avait une
seconde femme, nommée *Li-Ki*, qu'il aimait éperdument, et dont il avait un fils.
Cette femme conçut le dessein de faire
succéder ce fils à la couronne, et de faire
périr le fils aîné da la reine, prince déjà
âgé, et que son père avait déclaré son héritier depuis bien des années. Comme
celui-ci s'acquittait parfaitement de tous
les devoirs d'un bon fils, Li-Ki jugea que
tant qu'il serait à la cour, elle ne pourrait
jamais réussir dans son dessein. Elle pensa
donc au moyen de le séparer de son père.
Elle s'en ouvrit à un ministre qu'elle avait
eu soin de s'attacher depuis long-temps.
Comme Hien-Kong était un prince ambi-
tieux et entreprenant, ils conclurent qu'il

fallait lui proposer des conquêtes pour établir ses enfans. Le ministre lui fit cette proposition, qui fut bien accueillie.

Le prince héréditaire ayant été nommé au commandement des troupes, Li-Ki ne douta plus du succès de son projet. Elle commença d'abord par le calomnier auprès du roi. Un soir, elle se rendit auprès de ce prince, et montrant tous les signes de la plus vive douleur, elle lui dit qu'elle venait d'apprendre par des avis certains que son fils tramait une révolte; que les bontés du roi pour elle lui servaient de prétexte pour animer son parti; et qu'ainsi elle lui demandait comme une grâce de lui permettre de mourir, ou du moins de se retirer pour ôter ce prétexte à la rébellion. Hien-Kong se laissa persuader, et promit à Li-Ki de perdre son fils.

Comme le prince héréditaire ne donnait aucune prise contre lui-même, son père, déterminé à se défaire de lui, lui confia une expédition très-périlleuse, d'où, selon les apparences, il lui était impossible de se tirer. *Li-Ki*, ravie du succès de son imposture, en fit part à ses confidens, et leur

témoigna en même temps qu'elle craignait
que le monarque ne changeât de résolution ;
et que si le prince héréditaire venait à périr, les grands ne fissent nommer héritier
quelque autre que son fils. Pour parer à ce
second inconvénient, on convint qu'il fallait gagner quelque officier supérieur de
l'armée. On jeta les yeux sur *Li-Ké*,
homme aussi méchant qu'audacieux. Celui-ci, averti de la volonté du roi, et ébloui
par les plus flatteuses promesses, donna sa
parole que, si son jeune maître périssait,
il saurait bien soutenir les intérêts du fils
de *Li-Ki*. Il n'y avait donc plus qu'à hâter
la perte de *Chin-Seng* ; c'était le nom du
prince héréditaire. En conséquence, on fit
aussitôt courir le bruit de sa prétendue révolte, et de la découverte que l'on en avait
faite. On répandit en même temps des
chansons qui, supposant la chose certaine,
la rendaient croyable à tout le peuple, et
confirmaient le roi même dans son erreur.
Chin-Seng ne put supporter cette infâme
calomnie, et se donna la mort. Son frère
utérin, craignant un sort semblable, sortit
du royaume. Sur ces entrefaites, *Hien-*

Kong mourut, sans avoir nommé son successeur. Le fils du prince héréditaire, encore enfant, fut déclaré roi par les grands
du royaume ; on s'en défit, et son frère
cadet éprouva le même sort. Le fils de
Li-Ki fut élevé sur le trône ; mais son
règne ne fut jamais paisible, et les troubles
y succédèrent sans cesse, jusqu'à ce que
Tchong-Eul, frère de *Chin-Seng*, fût reconnu pour roi légitime, après une absence
de vingt ans.

CHAPITRE XXVII.

*Anecdotes relatives à des remontrances
adressées à des Monarques chinois, par
leurs ministres.*

K *in-Kong*, roi de *Ouei* (1), donnait
toute sa confiance à un homme dépourvu

---

(1) Il faut observer que dans les temps anciens de la
Chine, environ deux cents ans avant J.-C., cet empire
était divisé en plusieurs royaumes qui, réunis successivement, ont fini par former le vaste empire qui existe aujourd'hui.

de toute espèce de mérite , et dédaignait le sage et vertueux *Kiu-Pé-You*. Un des premiers officiers de la cour fit pendant sa vie tous ses efforts auprès de ce prince pour faire éloigner le premier et avancer l'autre ; mais ce fut en vain. Se voyant sur le point de mourir , il manda son fils, et lui dit : « Je vous défends de faire, quand je serai mort, les cérémonies du deuil dans le lieu ordinaire ; je ne mérite pas cet honneur, car je n'ai pas été assez habile pour obtenir de mon prince qu'il éloignât de sa personne le méchant qui le trompe, et qu'il élevât en dignité le vertueux *Kiu-Pé-You*. Prenez la salle du nord pour le lieu des cérémonies ; c'est bien assez pour moi. Ce seigneur étant mort, le prince se rendit dans la salle des cérémonies usitées en l'honneur des morts. Voyant qu'on avait choisi pour les accomplir une salle au nord, il en demanda la raison. Le fils du défunt lui rapporta mot à mot ce que son père lui avait dit en lui déclarant ses dernières volontés. *Kin-Kong*, alors frappe la terre du pied, change de visage, et se réveillant, comme d'un profond sommeil, il dit en soupirant :

« Mon maître a fait inutilement, pendant
sa vie, ce qu'il a pu pour me donner un
bon ministre, et m'engager à en éloigner
un, indigne de ma confiance. Il ne s'est
point rebuté, et il a trouvé le moyen de
me réitérer, même après sa mort, les inutiles remontrances qu'il m'a faites à ce sujet
pendant sa vie. Voilà ce qui s'appelle un
zèle persévérant. » Aussitôt après avoir
prononcé ces paroles, *Kin-Kong* fit changer la salle du deuil, selon l'usage du
royaume ; renvoya son mauvais ministre,
et donna sa place au vertueux *Kiu-Pé-You.*
Tout le royaume applaudit à ce changement, et s'en trouva bien.

* *Kin-Kong*, roi de *Tsi*, avait un beau
cheval qu'il chérissait. Cet animal mourut
par la faute du palefrenier. Le prince,
transporté de colère, saisit une lance, et
allait percer cet homme qui était près de
lui. Le ministre *Yen-Tse* détourna le coup,
et prenant aussitôt la parole : « Prince,
dit-il, peu s'en est fallu que cet homme
n'ait été tué avant qu'il fût bien instruit
de la gravité de sa faute. — Eh bien ! ins-
truisez-le ; j'y consens, dit *Kin-Kong.* »

1.   15*

Alors *Yen-Tse*, prenant la lance, et s'a-
dressant au coupable : « Malheureux! lui
dit-il ; voici tes crimes ; écoute-les bien :
premièrement, tu es cause de la mort de ce
cheval ; toi, que le prince avait chargé de
le bien soigner ; pour cela, tu mérites la
mort. En second lieu, tu es cause que mon
prince, pour avoir perdu son cheval, s'est
irrité jusqu'à te vouloir tuer de sa main.
Voilà un second crime plus grand que le
premier. Enfin, tous les princes voisins
vont apprendre que mon prince a fait
mourir un homme pour venger la mort
d'un cheval : le voilà perdu de réputation.
Malheureux ! c'est ta faute qui traîne après
soi toutes ces suites. La conçois-tu bien
cette faute ? — Laissez-le aller, dit alors
le prince ; laissez-le aller ; ne faisons point
de brèche à ma bonté : je lui pardonne. »

Ce même prince, ayant bu un jour plus
que de coutume, quitta son bonnet et sa ceinture, s'assit négligemment; prenant ensuite
un instrument de musique, il demanda aux
seigneurs, qui étaient présens, si un homme
vertueux pouvait se divertir de la sorte.
Chacun répondit : Oui, sans doute ; eh !

pourquoi non ? — Puisqu'il en est ainsi ,
reprit *Kin-Kong*, qu'on mette les chevaux
à un char , et qu'on aille inviter *Yen-Tse*.
Celui-ci partit aussitôt qu'il fut averti , mais
en habit de cérémonie , à son ordinaire. Le
roi, le voyant entrer : « Nous sommes ici en
négligé, lui dit-il ; nous nous divertissons.
Je vous ai envoyé chercher pour que vous
vous divertissiez avec nous. — Pardon ,
prince, répliqua aussitôt *Yen-Tse*; je m'en
garderai bien ; j'agirais contre nos coutumes : or , je crains infiniment de les en-
freindre. On regarde comme une maxime
qu'un empereur qui s'oublie de cette manière , ne saurait conserver long-temps
l'empire. Il faut dire la même chose, pro-
portion gardée, des rois, de tous les princes , des grands-officiers et des pères de
famille. » *Kin-Kong* rougit à ces mots, se
leva , et remerciant son ministre : « Je suis,
lui dit-il , un homme sans vertu, et je le
reconnais ; mais aussi n'ai-je à ma suite que
de mauvais sujets. Tous ceux que vous
voyez ici ont une bonne part à ma faute.
Je veux les faire mourir pour la réparer.
—Prince, reprit aussitôt *Yen-Tse*, la part

qu'ils peuvent y avoir, est, à mon avis, peu considérable. Quand un souverain a de l'attachement pour les usages, ceux qui lui ressemblent, s'approchent de sa personne, et les autres ne tardent pas à se retirer. Le contraire arrive aussi naturellement quand le souverain s'oublie. Ne vous en prenez point à eux. — Vous avez raison, dit *Kin-Kong*. » Aussitôt il prend des vêtemens convenables, boit trois coups avec *Yen-Tse*, et le reconduit.

Le roi de *Ou*, s'étant décidé à attaquer les états de *King*, déclara publiquement sa résolution, en ajoutant qu'elle était si ferme, que quiconque lui ferait des remontrances à ce sujet, serait aussitôt puni de mort. Un officier de sa maison, persuadé du danger de cette expédition, cherchait un moyen de le faire concevoir au prince. Mais comme il y allait de sa vie à le faire ouvertement, il s'y prit d'une autre manière. Voici comment : le matin, il se rendait dans le parc avec ses armes; y souffrait les incommodités de la rosée, et quand l'heure était venue, il paraissait comme les autres devant le prince. Le troisième jour, celui-ci, ayant remarqué qu'il était tout mouillé, lui demanda d'où il venait. « Prince, répondit-il, je viens du parc : il y avait une cigale, perchée tout au haut d'un arbre, après s'être rassasiée, elle chantait tranquillement. Derrière elle était un insecte, son ennemi, qu'elle ne voyait pas. Si elle l'avait aperçu, elle aurait bien changé de note. Je le voyais, moi, cet insecte qui se glissait à la dérobée, qui s'approchait de sa proie, et comptait déjà la tenir; mais il ne voyait pas, sur le même arbre, assez près de lui, un oiseau jaune, tout prêt à se jeter sur lui: mais je le voyais, moi, cet oiseau, qui, tout attentif à sa proie, allongeait le cou vers elle, sans s'apercevoir que j'étais en bas et que je le regardais. En considérant tout cela, je disais : Pauvres animaux, vous vous occupez d'une proie qui se présente à vous, et vous croyez déjà la tenir; un danger est encore plus près de vous, et vous n'y faites pas attention. Si vous vous en aperceviez, la proie n'aurait plus pour vous d'attrait; vous partiriez vite, heureux de vous sauver sans elle. « J'entends, dit le roi, laissons *King*, et pensons à nous. »

Tchuang-Vang, roi de Tsou, entreprit
d'élever une vaste terrasse à plusieurs étages. Cet ouvrage très-inutile exigeait une
dépense considérable, et pour y fournir,
on vexait le peuple, en fatiguant les soldats.
Les grands-officiers du royaume firent sur
cette entreprise de fortes représentations
au prince; mais ce zèle leur coûta la vie, et
soixante et douze d'entre eux périrent les
uns après les autres. *Tchu-Yu-Ki,* homme
habile, qui s'était retiré à la campagne, apprit ce qui se passait, et en labourant son
champ, il disait: « Je veux aller voir le roi.
Quoi donc! se répondait-il ensuite à lui-
même; est-ce que tu es las de vivre? plusieurs personnages de considération et de
mérite, qui ont donné des avis au roi, n'y
ont gagné qu'une prompte mort, et tu oses,
pauvre villageois que tu es, prétendre à un
plus heureux succès! Cependant, si ces
messieurs de la cour s'étaient mis à labourer, peut-être auraient-ils mieux réussi que
moi. Peut-être aussi ferai-je mieux qu'eux,
si je me mets à donner des conseils à notre
roi. »

Le bonhomme laisse donc sa charrue, et

va se présenter au monarque. Celui-ci, le
voyant entrer, dit en lui adressant la parole:
« Tchu-Yu-Ki vient sans doute aussi me
faire des remontrances. — Moi, prince!
point du tout; je m'en garderais bien. Il est
vrai que je n'ignore point que les souverains
doivent être justes et clémens. Il est vrai encore qu'on dit ordinairement que, comme
une bonne terre reçoit avec profit l'eau
dont on l'arrose, et qu'il n'y a que le bois
bien uni qui souffre la règle et le compas,
ainsi les princes sages et vertueux reçoivent
bien les remontrances. Il n'est pas moins
vrai que vous avez entrepris un ouvrage
dont votre peuple souffre beaucoup. Mais
qui suis-je, moi, pour oser venir vous faire
des remontrances? Non ; encore une fois, je
m'en garderai bien. » Aussitôt, se tournant
vers les officiers qui étaient présens, et continuant de parler, il leur fit une longue
énumération des princes qui avaient perdu
leurs états ou même qui avaient péri pour
n'avoir pas voulu souffrir les remontrances
de leurs ministres. Après avoir achevé son
discours, il sortit promptement pour se
soustraire à la colère du roi. Mais ce prince

fit courir après lui; et comme il revenait:
« Approchez sans crainte, lui dit-il; vos avis
ont fait impression sur mon esprit. Tous
ceux qui jusqu'ici se sont ingérés de m'a-
dresser des remontrances, au lieu de me toucher, n'ont cherché qu'à m'irriter : aussi
leur en a-t-il coûté la vie. Vous, au contraire, vous ne m'avez rien dit de choquant,
et les exemples que vous avez rapportés
sont bien capables de me frapper. Aussi, je
me rends. L'ordre fut donc donné aussitôt
de. laisser la terrasse où elle en était.
Tchuang-Vang ne s'en tint pas là : il fit publier partout que désormais il regarderait
comme ses frères ceux qui lui donneraient
d'utiles avis. Cette conversion, opérée par
un laboureur, devint célèbre, et les peuples
de Tsou la mirent en chanson, pour en per-
pétuer le souvenir.

CHAPITRE XXVIII.

Anecdotes relatives au Gouvernement chinois.

Hoen-Kong, roi de *Tsi*, ayant pris *Koan-Tchong* pour ministre, lui dit un jour : « Mon ambition serait de voir mon gouvernement établi de cette sorte, qu'il n'y eût personne, même parmi le bas peuple, qui ne fût content, et ne dît que tout va bien. Pensez-vous qu'on en puisse venir là ? — Oui, dit Koan-Tchong ; je crois que cela se peut ; mais ce n'est pas en gouvernant suivant les règles d'une véritable sagesse. — Pourquoi ? demanda le roi. — Par la raison qu'un petit bout de corde ne peut suffire pour tirer de l'eau d'un puits profond. Même entre les personnes éclairées, il y a différens ordres dont les uns sont fort au-dessous des autres. A plus forte raison, la multitude ne peut atteindre aux vues sublimes du vrai sage ;

aussi n'est - il pas nécessaire qu'elle aille jusqu'à ce degré de perfection. Il suffit et même il est à propos qu'elle sente que ceux qui gouvernent, ont des vues infiniment supérieures aux siennes : elle n'en est que plus docile et plus soumise. Vouloir conduire le peuple comme par la main, et lui porter, pour ainsi dire, le morceau jusqu'à la bouche, c'est le gâter. Il faut seulement le tenir dans l'ordre, veiller à sa sûreté, et le faire paître, comme un berger fait paître son troupeau. Il ne faut, à l'égard des peuples, ni tyrannie, ni dureté, mais aussi ne faut-il pas craindre de le conduire et de le faire agir. Avant de faire publier une ordonnance, la faire courir de porte en porte, pour mendier des approbations, ce serait une méthode dangereuse. On examine ce qui convient, on le prescrit en général à tout le monde; les sages l'approuvent, les autres le suivent : cela suffit, et c'est ce qu'il y a de mieux. »

Le même Hoen-Kong, étant un jour à la chasse, et suivant seul, loin de sa suite, un cerf qu'on avait lancé, rencontra

un bon vieillard dans un vallon fort agréable. « Comment nomme-t-on cet endroit ?
lui demanda-t-il. — On l'appelle, répondit
le bonhomme, le vallon du vieux benêt.
— D'où lui vient ce nom ? — De moi-
même. — Comment donc ? vous avez la
physionomie spirituelle, et vous ne paraissez
rien moins qu'un benêt. Voici toute l'histoire, puisque vous la voulez savoir. « Ma
vache avait fait un veau. Quand il fut
grand, je le vendis, et j'en achetai un
poulain. Quelques personnes du voisinage
dirent, comme en se moquant de moi :
Cela est impertinent ; jamais vache n'a
produit poulain : il faut détruire ce monstre.
Ils le saisirent et l'emmenèrent, et moi je
les laissai faire. On sut bientôt cette histoire dans tout le hameau , et chacun dit :
O le benêt ! Voilà pourquoi cette vallée
s'appelle la vallée du vieux benêt. — Tu
l'es certainement, dit Hoën-Kong ; pourquoi céder ainsi ton poulain ? »

Le lendemain, Hoen-Kong , de retour
dans son palais , n'eut rien de plus pressé
que de raconter cette aventure à son
ministre Koan-Tchong, pour s'en divertir

avec lui ; mais celui-ci prit la chose tout
autrement. « Croyez-moi , prince, dit-il
d'un air triste et d'un ton sérieux, il n'y
a point ici à rire. Le récit de ce villageois
est une leçon pour vous et pour moi. Si
l'empereur *Yao* régnait ici, la raison et
la justice y régneraient avec lui, et l'on
ne se ferait point un jeu d'enlever le bien
d'autrui. Si ce vieillard a pris patience, et
s'est laissé voler son poulain sans se plaindre,
croyez que ce n'est point par bêtise. Il faut
bien qu'il sache qu'on ne peut obtenir justice
devant les tribunaux. Prince , retirons-
nous pour quelque temps , et pensons sérieusement à examiner jusqu'où va le mal ,
pour y remédier efficacement. »

Lorsque *Kan-Tsé* régnait dans le pays
de *Lou*, un père et son fils s'accusèrent
l'un l'autre en justice. L'affaire étant allée
jusqu'à ce prince, il prononça que le fils
méritait la mort. Confucius s'opposa à
l'exécution de ce jugement , en disant
qu'il n'était pas encore temps de punir
les fautes avec une telle rigueur. « Ces
pauvres gens, ajouta-t-il, sont depuis
long-temps sans instruction, et, par con-

séquent, peu éclairés sur leurs devoirs.
Sans doute ce fils n'a point connu quel
mal c'est d'accuser son père. C'est au
prince et à ceux qui le gouvernent qu'il
faut s'en prendre. S'ils faisaient bien leur
devoir, et s'ils étaient tous vertueux, on
ne tomberait point dans de semblables
fautes. — Quoi donc ! reprit Kan-Tsé,
la piété filiale étant, de l'aveu de tout le
monde, le point fondamental du gouvernement, arrêter, par la mort d'un homme,
les désordres contraires à cette vertu,
n'est-ce pas une chose permise et même
nécessaire ? — Je dis, prince, répliqua
Confucius, que dans les circonstances
présentes, il y aurait de la cruauté à lui
ôter la vie. Procurez à votre peuple l'instruction dont il a besoin ; ajoutez-y le bon
exemple. Vous punirez ensuite avec rigueur,
et ceux que vous punirez sauront bien qu'ils
le méritent. Cette muraille n'a que dix
pieds de haut ; cependant, dans tout votre
royaume, il ne se trouvera pas un seul
homme qui puisse, tout à coup et sans
échelle, monter dessus. Au contraire, il
n'y en a presque point qui ne puisse peu

à peu arriver au sommet de cette montagne, cent fois plus haute que la muraille. Dans l'état où est votre peuple, la charité, la justice, ces deux vertus principales, et conséquemment les autres, sont, par rapport à lui, comme une muraille escarpée. Est-ce le temps de punir quiconque n'y monte pas? »

Le roi de *Chang*, s'entretenant avec Confucius, lui dit : « Voici quels sont mes désirs : je voudrais être le souverain de plusieurs princes; voir ma cour en bon ordre et fournir de bons officiers; tenir mon peuple toujours tranquille et content; voir les lettrés s'appliquer à se rendre utiles à l'Etat, et les saisons bien réglées. Si vous pensez que tout cela soit possible, dites-moi, comment pourrai-je y parvenir? — J'ai paru devant plusieurs princes, répondit Confucius; ils m'ont tous fait des questions, mais aucun ne m'en a fait autant que vous. Je vous dirai néanmoins que tout ce que vous désirez est possible. Voici comment : Quant au premier article, il suffit, dans l'état où je vois les choses, de faire alliance avec vos voisins, sincèrement et de bonne foi. Pour le second, il faut être bon et libéral à l'égard de tous ceux qui nous approchent. Pour le troisième, il vous suffira de ne jamais opprimer l'innocence, et de punir le crime sans nulle rémission. Pour le quatrième, avancez les lettrés qui ont du mérite, et n'en laissez presqu'aucun sans emploi. Quant au cinquième, honorez *Tien* et respectez les esprits. — Vous avez raison, dit le roi, il n'y a rien en cela que je ne puisse exécuter. »

Tong-Ngan-Yu fut nommé intendant d'une province. Avant de partir, il pria un ministre de lui donner, en peu de mots, quelque importante leçon sur le gouvernement des peuples. Celui-ci ne répondit que ces trois mots : *zèle, bonne-foi, courage*. Tong-Ngan-Yu le priant de s'expliquer, il lui dit : *zèle et attachement pour le prince que vous servez ; bonne-foi et droiture à soutenir les ordres que vous aurez donnés, et les personnes que vous emploierez ; courage et fermeté contre les méchans, de quelque rang qu'ils puissent être.* — Cela est net, dit Tong-Ngan-Yu, et j'en conçois l'importance.

Yang-Tchu s'entretenait un jour avec le roi de *Léang* sur le gouvernement des Etats. Il avança et soutint que rien n'était plus facile. « Mon maître, lui dit le roi, vous n'avez que deux femmes, et je sais que vous ne savez pas les gouverner ; cependant, à vous entendre, le gouvernement d'un état serait pour vous une bagatelle. — Prince, répondit Yang-Tchu, tout cela est vrai, et ne se contredit point. Un seul berger, la houlette en main, conduit avec succès des brebis ; que deux bergers veuillent en conduire une, ils auront peine à y réussir. Mais vous savez, sans doute, ce qu'on dit si souvent : Les grands instrumens ne valent rien pour des chansons ; les grands poissons nagent en grande eau ; tel qui échoue dans les petites choses, peut réussir dans les grandes. »

Hoen-Kong, dont nous avons déjà parlé, demanda un jour à son ministre Koan-Tchong, ce qui était le plus à craindre dans un état. « Prince, répondit ce ministre, à mon avis, rien de plus à craindre que ce qu'on appelle *rat de statue*. — Qu'est-ce que cela veut dire ? — Vous savez que dans bien des endroits on érige des statues à l'esprit du lieu. Ces statues sont de bois, creuses en dedans, et colorées en dehors. Un rat s'y est-il introduit, on ne sait comment l'en chasser ; on n'ose ni y employer le feu, de peur qu'il ne prenne au bois ; ni mettre la statue dans l'eau, de peur de détremper les couleurs. Ainsi, le rat est défendu par le respect qu'on porte à la statue. Tels sont à peu près, dans un état, les hommes sans mérite et sans vertu, qui ont la faveur du prince : on le voit, et l'on en gémit ; mais on ne sait comment s'y prendre pour y apporter remède. »

Ki-Tsé, dans un de ses voyages, passa par le royaume de *Tsin*. A peine y eut-il mis le pied, qu'il s'écria en soupirant : « Oh ! que l'oppression est grande en ce royaume ! » Entrant ensuite dans la capitale, il s'écria du même ton : « Oh ! que ce royaume est épuisé ! » Enfin, ayant vu le roi et la cour : « Oh ! dit-il, que

1.   16

les troubles et les révoltes ne sont guère
éloignés ! » Ceux qui l'accompagnaient,
étonnés de ces exclamations, lui dirent
alors : «Vous ne faites que d'arriver dans le
royaume de Tsin; comment prononcez-
vous sur tout cela d'une manière si déci-
sive ? — En voici la raison, répondit Ki-
Tsé; en entrant sur les terres de Tsin,
j'ai remarqué bien des champs en friche,
et le reste assez mal cultivé ; j'ai vu en
même temps qu'on travaillait, en divers
endroits, à des ouvrages fort inutiles. J'en
ai conclu que les peuples étaient accablés
de corvées. En entrant dans la capitale,
j'ai remarqué que tous les nouveaux édifices étaient chancelans, et les anciens
très-solides ; c'est ce qui m'a fait dire que
ce royaume est épuisé. A la cour, j'ai vu
un prince qui n'a des yeux que pour regarder çà et là, et qui n'ouvre pas la
bouche pour faire la moindre question.
J'ai remarqué aussi, dans ses ministres,
beaucoup de hauteur et d'orgueil ; cependant ils sont tous muets sur ce qui regarde le bien public ; et, parmi eux, il

n'en est pas un seul qui donne au prince le moindre conseil : d'où je conclus que le trouble et la révolte ne sont pas loin de cet état. »

CHAPITRE XXIX.

Anecdotes relatives aux filles des Empereurs, données en mariage à de simples particuliers.

L'EMPEREUR *Tai - Tsong* donna une de ses filles en mariage au fils du président du tribunal des rits. Celui-ci, recevant cette princesse dans sa maison, lui dit : « Madame, les coutumes prescrivent à une bru la manière de se présenter devant son beau-père et sa belle-mère. A la vérité, dans ces derniers temps, où les usages les plus louables s'abolissent peu à peu, on n'a pas fait observer cet usage aux princesses en les mariant : mais nous avons aujourd'hui un empereur très-éclairé, qui sait de quelle importance il est que les bonnes coutumes soient en vigueur, et qui désire qu'on les observe. Ainsi, princesse, trouvez bon que nous vous recevions comme une bru doit être reçue. Ce n'est point par un sentiment de vanité, ni pour notre honneur particulier que nous en agissons de la sorte, mais par zèle pour nos usages, de l'observation desquels dépend le bien des familles et des états. » Aussitôt le beau-père et sa femme prennent le haut de la salle, et s'étant assis tous deux, la jeune princesse, la serviette sur le bras, leur donna d'abord à laver, puis à manger. Après quoi ils se retirèrent. *Tai-Tsong*, informé de cet événement, en fut très-satisfait, et même il ordonna que, dans la suite, les princesses qui se marieraient, en fissent autant.

L'empereur *Hiao-Vou*, sachant que ces princesses se rendaient insupportables dans les familles où elles entraient, chercha les moyens de remédier à cette conduite, effet de leur orgueil. Il en prit un fort singulier. Ayant destiné une de ses filles au fils de *Kiong-Chin*, personnage que ses vertus et ses services avaient élevé aux plus grands honneurs, il ordonna secrètement qu'on dressât au nom du futur époux une forte remontrance, où la conduite de ces princesses fût mise dans tout son jour, et dont la conclusion devait être qu'il ne pouvait recevoir pour épouse celle qu'on lui présentait. Cet écrit, qui fut présenté à l'empereur, était conçu en ces termes :

« Prince, votre majesté a ordonné que la princesse Ling-Hai s'abaissât jusqu'à devenir ma femme ; c'est une grâce singulière, et à laquelle je ne devais pas m'attendre. Cependant, je ne puis dissimuler que j'ai reçu cet ordre avec autant de trouble et de tristesse, que de respect et de reconnaissance : mon indignité personnelle, encore plus que ma naissance, m'éloigne d'une alliance si glorieuse. Ce qui me convient, ce n'est pas une princesse, mais une fille du commun. Les gens de ma condition, quoique peu riches, ont à peine pris le bonnet, qu'ils se marient. Ils en sont quittes pour quelques présens de peu de valeur, et l'on n'en voit point d'assez pauvres pour craindre de former une alliance honnête et proportionnée, qui les rend heureux ; je remarque, au contraire, que ceux qui ont épousé des princesses, ont vécu, presque tous, dans le chagrin ; c'est pourquoi, malgré le sentiment profond de reconnaissance que j'éprouve pour l'honneur que votre majesté daigne me faire, je suis si éloigné de m'en applaudir, que, si je ne pouvais m'en défendre, je crois que je cesserais de vivre. Pardonnez, grand prince, à ma franchise et à ma simplicité. Notre histoire est pleine d'exemples de maris, devenus malheureux pour avoir épousé des princesses. L'un a contrefait l'insensé pour se délivrer du joug onéreux que sa femme lui faisait porter ; un autre s'est brûlé les pieds pour se soustraire à une telle alliance : il en est un qui s'est jeté tout nu dans les neiges, pour fuir celle à qui on l'avait uni. *Holi* s'est précipité de désespoir dans un puits ; *Lie-Tchuang* s'est rendu presque aveugle, et *Yn-Tchong* s'est exposé aux derniers supplices, pour briser les malheureux liens qui l'attachaient à une princesse.

» Pouvoir aller et venir, visiter ses amis et les recevoir chez soi, c'est une liberté

dont tout homme doit jouir. A-t-on épousé
une princesse, c'est madame qui va et vient
à sa fantaisie ; point de temps marqué pour
son retour ; point de règle dans la maison.
Il faut que le mari renonce à traiter jamais
ses amis, et presque à tout commerce avec
ses parens. Si quelquefois la princesse, se
trouvant de bonne humeur, s'avise de le
traiter un peu moins mal, d'abord une
vieille nourrice fronce les sourcils ; une
bonzesse en fait autant, et toutes deux représentent à madame qu'elle ne sait pas
tenir son rang, et qu'elle gâte tout. De
plus, elle a constamment à sa suite une
troupe d'eunuques, hommes vils, sans
esprit, sans politesse, qui font tout au hasard, sans raison, et parlent à tort et à
travers sans savoir ce qu'ils disent. Voilà le
conseil de la dame. La nourrice prétend
que son âge lui donne le droit de haïr
quiconque entamera son crédit; la bonzesse fait la savante, et dit tant de choses
sur l'avenir, qu'il est impossible que le
hasard n'en vérifie pas une partie. A ces
deux femmes se joint quelquefois une vieille
diseuse de bonne aventure, qui paraît

surtout à la fin des repas, pour en attraper les restes. C'est au pauvre mari de
prendre patience; encore serait-il trop
heureux s'il n'avait rien de plus fâcheux
à souffrir.

» Un de ses grands embarras, c'est de
jouir de la présence de madame. Il ne sait
comment s'y prendre pour contenter en
ce point les caprices de la princesse. Se
présente-t-il souvent, on refuse de l'admettre. L'admet-on, il ne peut sortir
quand il veut. Laisse-t-il madame sans
prendre congé, elle se croit méprisée, et
se livre à la colère. Prend-il congé après
l'avoir vue, il va, dit-elle, voir quelque
autre. Pour madame, elle sort quand cela
lui plaît, et ne rentre souvent qu'au milieu de la nuit, et quelquefois au point du
jour. Tantôt elle passe la nuit à jouer des
instrumens; tantôt elle passe toute la journée les bras croisés devant un livre. Sa vie,
à proprement parler, n'est qu'une suite
de caprices. Nos usages ne défendent point
d'avoir d'autres femmes avec la première.
On n'est point censé par-là faire injure à
son épouse. Si cette épouse est une prin-

cesse, il n'y faut pas penser. Au moindre
bruit, au moindre soupçon, on voit sortir
de l'appartement de madame quelque jeune
esclave effrontée, qui vient espionner le
mari. S'il reçoit une visite, et que la con-
versation soit un peu longue, les vieilles
viennent écouter pour tout redire à madame.

» Enfin, ce qui rend encore plus insupportables ces princesses, mariées çà et là,
ce sont les visites fréquentes qu'elles se
font les unes aux autres. L'entretien y
roule toujours sur les maris. Son extraction, ses manières, sa conduite, tout y
est mis sur le tapis. Elles se donnent mutuellement des leçons de fierté et de jalousie; et quand il en est une d'un bon
caractère et d'un esprit raisonnable, elle
ne tarde pas à devenir semblable aux
autres. Aussi ceux qui jusqu'ici ont épousé
des princesses, auraient bien voulu s'en
dispenser; et ceux qui n'ont pu faire autrement, s'en sont-ils presque tous mal
trouvés.

» De plus, quand nous prenons une
femme, ce que nous nous proposons princi-

palement, c'est d'en avoir des enfans. Rien de plus contraire à cette fin qu'une jalousie outrée ; et l'on sait par expérience que ceux qui ont épousé des princesses, ont eu la plupart, avec tous leurs autres chagrins, celui de mourir sans postérité. Qui suis-je, moi, pour me flatter que j'éviterai ces dis-grâces ? Je n'ai donc garde d'y exposer ma personne et ma famille. Si quelques-uns s'y sont soumis sans réclamation, c'est que, eu égard aux dispositions de la cour, ils ne pouvaient, ni n'osaient d'abord y faire passer leurs excuses, et ensuite y porter leurs plaintes. Pour moi, j'ai le bonheur de vivre sous un prince éclairé, juste et bon, qui ne consulte que la saine raison, et qu'aucune affection ne préoccupe. C'est ce qui m'engage à lui ouvrir mon cœur.

» Grâces à votre majesté, ma famille est dans une assez haute élévation. Mon prin-cipal soin doit être de la soutenir dans l'état où elle est, et d'en prévenir la déca-dence. C'est à quoi j'espère parvenir sous un règne si heureux. Si je puis espérer avec le temps de plus grands emplois et un rang plus élevé, je suis bien aise de les mériter par mon désintéressement, mes talens, mon assiduité et mes services. Je vous avoue franchement, grand prince, qu'il ne serait guère agréable pour moi de les devoir à l'alliance dont vous pensiez m'honorer. Au reste, en vous exposant ma peine, mon intention n'est pas seulement de vous découvrir mes vrais sentimens et de pourvoir à ma propre sûreté; mais encore de vous faire connaître les maux que de semblables alliances causent actuellement dans d'autres familles. Je supplie votre majesté d'examiner ce qui en résulte, mais surtout de m'en dispenser. Laissez, je vous en conjure, laissez les petits oiseaux voltiger gaiement avec leurs semblables; laissez les vermisseaux multiplier en paix leur espèce; et tout honorable qu'est pour moi votre choix, daignez me faire la grâce de le révoquer. Si votre majesté refuse d'exaucer mon humble prière, je me couperai plutôt les cheveux, je me mutilerai moi-même, je m'enfuirai au delà des mers. »

L'empereur ayant lu cet écrit, qui avait été composé par son ordre, s'en servit pour faire des réprimandes aux princesses, et s'en divertit beaucoup en particulier. Il y a lieu de croire qu'il permit à celui qui le lui avait adressé, d'épouser la femme qui lui plairait.

CHAPITRE XXX.

Choix d'exemples concernant les mœurs. — Maximes remarquables de la morale chinoise.

Un jeune homme fut accusé par ses frères, devant un mandarin, d'avoir manqué de respect à ses parens. Le magistrat, au lieu de le punir, se contenta de le conduire dans l'endroit de son palais, destiné aux honneurs qu'on rend à Confucius, et dans lequel on voyait deux tableaux d'un peintre fameux. Le premier représentait cet artiste recevant humblement et tranquillement la bastonnade de la main de sa mère; et l'autre, cette dame, comme accablée sous le poids de ses années, et son fils pleurant auprès d'elle de compassion et de tendresse. En considérant ces peintures, notre jeune homme fut si touché, qu'il parut comme hors de lui-même. Le mandarin prit ce moment pour lui faire la réprimande qu'il méritait; après quoi, il le renvoya. Le jeune homme profita si bien de ce qu'il avait vu et entendu, qu'il devint dans la suite un modèle de vertu.

————

Un grand-mandarin, visitant un jour la province dont il était vice-roi, aperçut une femme à demi-vêtue de haillons, qui conduisait un cheval à l'abreuvoir. Il frémit à cette vue, baissa la tête, et poussant un grand soupir : « Est-il possible, s'écria-t-il, que les pauvres soldats soient si malheureux, tandis que je suis vice-roi? Quelle honte pour moi! » Après s'être ainsi parlé à lui-même, il fit distribuer d'avance à tous les soldats trois mois de paye, et fit des largesses aux plus pauvres. Tous ceux qui furent témoins de cette bonne action, ou qui en entendirent parler, ne purent retenir leurs larmes, et chacun se plaisait à raconter ce qui en était la cause.

———

Un empereur, visitant ses provinces méridionales, les gouverneurs des villes par lesquelles il devait passer, firent de grands préparatifs, et rassemblèrent un grand nombre de chevaux, de chariots et de meubles précieux aux frais des habitans de leur arrondissement. Celui de la ville d'Yang-Tchéou, de peur de vexer ses administrés, ne voulut point suivre cet exemple ; il se contenta donc de pourvoir avec soin au nécessaire, sans magnificence ni superflu. Vêtu d'une simple toile, il veillait à tout ; et sa ceinture dorée était la seule marque distinctive de sa dignité, Les mandarins de la cour, mécontens de cette honorable simplicité, lui en firent des reproches qu'il reçut avec fermeté, et sans faire paraître la moindre émotion.

———

Un jour que l'empereur se livrait au plaisir de la pêche, il prit une fort belle carpe. « A qui vendrai-je ce beau poisson ? » demanda-t-il en riant aux courtisans qui étaient près de lui ; ceux-ci ayant répondu que le gouverneur d'Yang-Tchéou était le seul qui pût l'acheter : « Eh bien ! reprit le monarque, qu'on le lui porte ! » Le gouverneur, à la vue de ce présent dont on lui demande le prix de la part de l'empereur, prend le chemin de sa maison, s'empare de quelques ornemens d'argent que sa femme avait à la tête et sur ses habits, et revient auprès du prince. « Grand empereur, lui dit-il en se prosternant, ce poisson vaut de l'argent, et je n'en ai pas d'autre pour le payer que ces petits ornemens de ma femme. Je les apporte, et je m'offre à mourir. » L'empereur, comprenant alors la malice de ses courtisans : « Pourquoi, dit-il, chagriner ainsi ce pauvre magistrat ? qu'on le laisse en paix et qu'il s'en retourne. »

———

Un autre mandarin était si désintéressé, qu'il voulait que ses gens le fussent autant que lui. Lorsqu'il quitta sa charge pour se retirer chez lui, il ne put s'empêcher de craindre que quelqu'un d'eux n'eût

pris ou reçu quelque chose à son insu.
Lors donc que tous se furent embarqués,
il les fit fouiller ; après quoi, il ordonna
qu'on jetât dans l'eau tout ce qu'on leur
avait trouvé. « Canaille, leur dit-il, c'est
donc ainsi que vous m'exposez à la risée
publique ! Vous vouliez donc qu'on dît
que, n'osant prendre par moi-même, j'ai
voulu prendre par vos mains ? »

———————

Un magistrat de *Hiu-Tsu*, allant prendre
possession de sa charge, ne mena avec lui
que son fils et un domestique. Comme
l'hiver était rude, le premier, qui avait
froid, pria son père de lui procurer un
peu de charbon pour se chauffer. Celui-ci
n'eut garde d'y consentir ; mais s'étant fait
apporter un bâton : « Prenez ce bâton,
dit-il à son fils ; servez-vous-en pour faire
l'exercice ; tournez-le en tout sens, et bientôt vous n'aurez plus froid. » A la fête de
la fin de l'année, où l'on tire des pétards
en signe de réjouissance, notre jeune
homme, voulant faire comme tout le
monde, chercha à s'en procurer du dehors.
Son père, qui en fut informé, le fit venir

vers lui, et lui faisant donner un morceau
de bambou : « Si vous aimez le bruit, mon
fils, lui dit-il, frappez de ce bois sur
cette porte, vous en ferez à peu près
autant qu'avec des pétards. »

———

Un lettré qui avait de la réputation,
mais peu d'expérience dans les affaires,
après avoir perdu son frère, ses neveux
et son fils, mourut dans une extrême
pauvreté, laissant trois filles en bas âge.
Le seul esclave qu'il eût, pourvut aux
besoins de ces orphelines. Par son industrie et son travail, il trouva le moyen
de ne les laisser manquer de rien ; bien
plus, il se conduisit à leur égard avec
tant de réserve et de respect, que, pendant dix ans qu'il en prit soin, il ne les
regarda jamais en face.

Lorsqu'elles furent devenues grandes,
il résolut de se rendre à la cour pour y
découvrir quelqu'un de la connaissance de
son maître, et qui voulût bien l'aider à
les marier d'une manière conforme à leur
condition. A peine y fut-il arrivé, qu'il
rencontra fort heureusement deux doc-

teurs, l'un du collége impérial, et l'autre des grands tribunaux. Les ayant suivis jusque dans un endroit peu fréquenté, il se jeta à leurs pieds, et leur déclara, les larmes aux yeux, le sujet de son voyage.

Ces deux seigneurs, surpris et touchés de ses paroles, s'empressèrent de le consoler. « Votre maître et nous, lui dirent-ils, nous nous sommes connus dès nos premières études. Nous sommes fâchés d'avoir ignoré ses malheurs, et ravis en même temps que vous nous fournissiez l'occasion de rendre quelque petit service à sa famille. » Ils ne s'en tinrent pas aux paroles ; mais presque aussitôt, ils donnèrent les ordres nécessaires pour faire venir les trois orphelines avec toutes les commodités nécessaires dans leur voyage. Elles ne tardèrent pas à être mariées avantageusement ; et le vertueux esclave s'en retourna bien récompensé de ce qu'il avait fait pour elles.

———

Sous une ancienne dynastie, un envoyé de l'empereur, passant par *Kiang-Poan*,

un licencié du pays l'envoya saluer par
un de ses domestiques avec un billet ordinaire. « A quoi s'occupe ton maître,
demanda l'envoyé à cet esclave, pour
mener une vie si retirée ? — Monsieur,
répondit celui-ci, comme l'année a été
fort mauvaise dans ces environs, les chemins sont pleins de gens morts de faim ;
pour recueillir et inhumer les corps de ces
malheureux, mon maître paye chaque
jour un certain nombre de personnes.
Par ses soins, plus de mille cadavres
ont déjà reçu la sépulture. — Le nombre des morts étant si considérable, il
faut à ton maître un nombre propor-
tionné d'ouvriers pour exécuter un tel
travail. Comment pourvoit-il à leur payement ? Ce ne doit pas être un petit embarras. — Cela ne l'embarrasse pas le
moins du monde ; il a fixé une certaine
quantité de grains pour les frais de chaque
sépulture, et la distribution en est faite
par un parent de mon maître. » L'envoyé
ne poussa pas ses questions plus loin ; mais
en faisant au domestique l'éloge de la
charité de son maître, il ne laissa pas

d'écrire à celui-ci un petit billet par lequel il l'avertissait que toute bonne œuvre devait être cachée, ou du moins qu'on ne devait pas chercher à la publier. « *Rien n'est plus bas, y disait-il, que les charités dont la vanité est le mobile.* »

———

Sous le règne de l'empereur *Yong-Lo*, un marchand, nommé *Sun-Yong*, qui voyageait, vit sur sa route une bourse suspendue à un pieu, et y trouva deux grandes aiguilles d'or, comme celles que les dames chinoises portent à leurs cheveux ; il s'assit dans cet endroit, et attendit que la personne qui les avait perdues, vînt les chercher. Il était déjà nuit, lorsqu'il arriva une esclave tout éplorée, qui cherchait les aiguilles que sa maîtresse la soupçonnait d'avoir volées. Notre marchand s'étant assuré que ce qu'il avait trouvé était précisément ce qu'elle cherchait, le lui remit. Cette fille, transportée de joie, lui demande son nom, et ce qu'elle peut faire pour lui témoigner sa reconnaissance ; mais, au lieu de lui répondre, il s'échappe, et, malgré la nuit, il dirige ses pas vers un gîte assez éloigné de cet endroit. Arrivé à *Nan-Yang*, ville qui était le terme de son voyage, il y fit, en peu de temps, un bénéfice bien plus considérable que celui qu'il espérait. Après avoir touché le payement de sa marchandise, il entra dans une barque pour s'en revenir avec plusieurs autres marchands. Lorsqu'il fut arrivé à l'endroit où il avait trouvé la bourse, et que la barque se fut rangée le long du rivage, il vit, sur le bord de la rivière, l'esclave à laquelle il l'avait rendue. Cette fille, qui venait laver du linge, le reconnut, et ne manqua pas de lui adresser la parole ; après quoi, elle se retira. Sun-Yong, que cet entretien avait empêché de suivre les autres barques, voyant qu'il était trop tard pour partir seul, résolut de s'arrêter dans cet endroit jusqu'au lendemain. Bien lui en prit, car il s'éleva tout à coup une tempête où périrent tous ceux qui étaient partis.

Un nommé *Ou-Pan*, revenant d'un petit voyage, et se trouvant à une petite distance de sa maison, aperçoit un homme qui volait des châtaignes dans son parc ; il retourne aussitôt sur ses pas, et prend un détour d'une demi-lieue. Quand il fut rentré chez lui, le domestique qui l'avait accompagné prit la liberté de lui demander la raison du circuit qu'il avait fait. « C'est, dit-il, que j'ai aperçu un homme qui, monté sur un châtaignier de mon parc, y cueillait des châtaignes. Si ce malheureux m'avait vu, la peur dont il aurait été saisi aurait pu le faire tomber ; peut-être en tombant se serait-il grièvement blessé. Devais-je, pour ce qu'il me volait, l'exposer à ce danger ? »

———

Dans une révolte, un jeune étudiant tomba entre les mains des rebelles, et aperçut, parmi ceux qu'ils avaient enlevés, la femme d'un autre jeune homme de sa connaissance. Sur-le-champ il va trouver le chef de ces séditieux, et lui dit : « J'ai trouvé ici ma sœur. Je viens vous demander en grâce qu'elle ne soit pas déshonorée. Notre rançon ne tardera pas d'arriver ; je vous en donne ma parole. Mais si ma sœur endurait le moindre affront , ni elle ni moi ne pourrions lui survivre. » Le ton et l'air avec lesquels il prononça ces paroles, persuadèrent l'officier, qui le fit placer dans la même chambre avec la jeune femme. Il y passa avec elle un peu plus d'un mois ; et pendant cet espace de temps, il ne lui échappa ni une parole, ni un geste qui fût contraire aux règles les plus strictes de la bienséance.

———

Une médecin nommé *Kin-Ko* , joignait à une grande habileté un désintéressement et une charité peu commune. Qui que ce fût qui l'appelât , pauvre ou riche, il partait aussitôt, quelque temps qu'il fît. Au lieu de se faire porter en chaise, suivant la coutume des médecins de son temps , il ne cessa jamais de faire ses visites à pied jusqu'à l'âge de quatre-vingts ans. Quand on lui en demandait la raison : « Je crois, disait-il, cette dépense mieux employée à soulager les enfans malades de plusieurs pauvres familles. » Effectivement, il sauvait la vie à une infinité d'enfans : ce n'était pas à eux seuls que se bornait sa

charité. Si un pauvre malade avait besoin
de *genseng* , ou de quelque autre remède
encore plus cher, il le fournissait de sa
bourse ; le mêlait, sans rien dire, avec
d'autres drogues communes , et le lui présentait sans l'en avertir. Par cette conduite,
il rendit la santé à un grand nombre de
pauvres malades.

Passant un jour dans une rue, il vit
un homme qui vendait sa femme pour
payer le tribut qu'il devait à l'empereur.
« Garde ta femme, » lui dit-il ; et aussitôt
il paya pour lui.

Il était âgé de quatre-vingt-sept ans, lorsqu'il mourut. Avant d'expirer, il crut voir
venir au-devant de lui une jeune vierge,
dont l'éclat surpassait celui des pierres
précieuses, et à l'instant toute sa maison
fut remplie d'une odeur plus suave que
celle des parfums les plus exquis.

Tsi-King , homme opulent, après avoir
inutilement employé tous les remèdes ordinaires pour guérir sa mère d'une maladie,
apprend que des malades, dont les médecins
désespéraient, avaient été guéris en man-
geant de la chair humaine. Aussitôt il se

coupe un morceau de la cuisse, le fait apprêter et le présente à sa mère, qui n'en peut goûter, et meurt presqu'aussitôt. La nouvelle de cette mort lui causa une si vive douleur, qu'il s'évanouit jusqu'à trois fois. Quand il eut rendu à cette mère chérie tous les devoirs de la sépulture, il lui prit envie d'avoir son portrait pour l'honorer. Il fit donc venir un peintre qui l'avait connue. Comme cet artiste ne pouvait attraper sa ressemblance, il passa plusieurs jours, plongé dans l'affliction, auprès de son tombeau. Pendant cet intervalle, le peintre voit cette dame en dormant ; à son réveil, son imagination est encore frappée des traits qu'elle s'est retracée pendant le sommeil ; il saisit son pinceau, fait un portrait d'une parfaite ressemblance, et le porte à Tsi - King. Celui-ci le reçut avec beaucoup de joie, et honora, comme si elle eût été encore vivante, celle dont il lui offrait la figure.

Quelques temps après, des brigands armés, qui couraient la campagne, s'approchèrent de l'endroit où demeurait ce vertueux personnage. Comme chacun songe à prendre la fuite : « Moi, dit-il, je me garderai bien d'abandonner ainsi le tombeau de mon père et de ma mère. » Aussitôt il assemble tous ses parens, et encourage tout son quartier à se préparer pour faire une généreuse défense. Les brigands, informés de cette résolution, pillèrent les villages des environs, et se retirèrent sans oser se présenter devant celui du brave Tsi-King. Les magistrats, ayant appris qu'il était cause du salut de son quartier, voulurent le récompenser de ce service. « Non, dit-il ; non ; je ne recevrai rien. Mon motif était de conserver le tombeau de mes ancêtres. La consolation que j'éprouve d'y avoir réussi, est pour moi la plus douce récompense. »

————

Un lettré s'étant retiré dans des montagnes désertes, pour y vivre en solitude, il se présenta, pendant plusieurs jours de suite, une bête féroce qui, sans lui faire aucun mal, se tenait devant lui la gueule béante, et se retirait quelques instans après. Saisi d'effroi, il osait à peine jeter les yeux sur elle ; enfin il s'enhardit. Un jour qu'il regardait d'assez près dans la gueule de ce terrible animal, il y aperçut un os, qui s'y était engagé, de manière à l'incommoder lorsqu'il prenait sa nourriture. S'armant de courage, il y porte la main, et en retire cet os. Soulagé par cette opération, l'animal se retire à l'instant. Le lendemain, notre solitaire fut bien étonné, lorsqu'il le vit revenir chargé d'un cerf entier, et le déposer à ses pieds, comme pour lui témoigner sa reconnaissance.

Le prince, à qui l'on rendit compte de cette aventure, voulut voir le solitaire, et le fit venir, malgré lui, à la cour. Lorsqu'il y parut, chacun s'empressa de le voir, et tout le monde le regardait avec respect, sans qu'il parût faire attention à à l'intérêt universel qu'il inspirait. Un jour, qu'on s'y attendait le moins, il demanda la permission de se retirer au prince, qui la lui accorda avec beaucoup de peine. Devenu libre, il alla s'établir dans une vallée solitaire, et s'y construisit une cabane de roseaux. A peine était-elle achevée, qu'il éclata une grande révolte, pendant laquelle tout le pays fut ravagé à l'exception

du territoire qu'il avait choisi pour sa retraite. Cette circonstance fit croire qu'il
connaissait l'avenir.

*Instructions d'un philosophe chinois, adres-
sées à un jeune homme destiné aux grands
emplois.*

Un jeune seigneur, qui s'était rendu
à *Sin-Tchéou*, pria un célèbre philosophe
qui y demeurait, de lui donner quelques
instructions par écrit. Voici celles qu'il en
reçut.

1. Quand on connaît la volonté du ciel et
celle du prince, il faut s'y tenir, quoiqu'il
en coûte.

2. S'il est vrai que le sage seul peut
supporter avec constance de grandes ad-
versités, il ne l'est pas moins que celui
qu'elles abattent, n'est pas un sage.

3. Quelque réputation de probité, et
quelque vertu qu'on ait acquise, on ne
doit point croire qu'on soit arrivé à la
perfection. Il faut s'efforcer sans cesse de
faire quelques pas de plus dans le chemin
de la vertu.

4. Quand un peuple oublie l'obéissance

et le respect qu'il doit au prince ou aux magistrats, le meilleur moyen de le faire rentrer dans le devoir, c'est de pourvoir à ce qui lui manquait quand les troubles ont commencé.

5. Qui ne détruit pas le malheureux *moi*, ne sera jamais capable de rien de grand.

6. Le ciel fait passer ordinairement par de rudes épreuves celui qu'il destine aux grands emplois.

7. Ce qui est trop dur et trop raide se brise aisément, si l'on n'a soin de le tempérer par quelque chose de flexible.

8. En fait de sagesse et de vertu, le principal et même l'essentiel, c'est que le cœur soit plein. Composer, disputer, discourir, ce ne sont là que des accessoires.

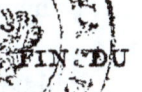

FIN DU PREMIER VOLUME.

TABLE

DES CHAPITRES

CONTENUS DANS CE PREMIER VOLUME.

———

Observations préliminaires.   Page vij

Chapitre premier. — La Chine. Sa situation ;
ses fleuves ; ses lacs ; sa population. Nombre
de ses provinces, de ses villes et de ses forteresses. Ses armées ; ses monumens et édifices
publics, etc.   13

Chapitre ii. — Physionomie, caractère, cos-
tumes, arts, usages des Chinois, etc.   24

Chapitre iii. — Science, morale, langue et religion des Chinois. Mandarinat.   32

Chapitre iv. — Gouvernement, magistrats,
justice criminelle de la Chine.   41

Chapitre v. — Armée chinoise. Solde. Costume
et armes des soldats. Etendards.   46

Chapitre vi. — Des principales productions de
la Chine, animales, végétales et minérales. 53

Chapitre vii. — Description des principales
villes de la Chine.   64

Description de Péking et du palais impérial.
Page 64

— de Nanking. 72

— de la ville de Sou-Tchéou-Fou. 74

— de la ville d'Hoei-Tchéou et de l'encre qu'on y fabrique. 75

— du bourg de King-Té-Tching. 76

— de l'île de Formose, etc. 77

— de la ville de Canton , etc. 80

— d'un célèbre monastère de bonzes et de son fondateur. 83

CHAPITRE VIII. — Antiquité , commencement de l'empire chinois , et nombre des dynasties des empereurs. 84

CHAPITRE IX. — Précis sur les premiers monarques de la Chine jusqu'à Yao. 89

CHAPITRE X. — Précis du règne des plus célèbres empereurs chinois , à commencer par Yu ; et anecdotes à leur sujet. 100

Tching-Tang, chef de la deuxième dynastie. 101

Discours de l'empereur Cao-Tsong à son premier ministre. 106

CHAPITRE. XI. — Suite des principaux événemens du règne de quelques empereurs chinois. 116

Beau trait de piété filiale de la part d'un jeune homme. 119

CHAPITRE XII. — Suite de ce qui est arrivé de plus remarquable sous le règne de quelques empereurs chinois. 129

CHAPITRE XIII. — Dernière révolution de la
Chine. Page 144

CHAPITRE XIV. — Précis du règne de Chun-
Tchi. Désolation de plusieurs provinces chinoises. 150

CHAPITRE XV. —Précis du règne de Cang-Hi. 159

Trait de justice et de sévérité de l'empereur Cang-
Hi. 168

L'empereur Cang-Hi examine lui-même les docteurs examinateurs des autres. 170

Marque de respect donnée par l'empereur Cang-Hi
à un vieillard âgé de cent ans. 172

Marche et cortége de l'empereur Cang-Hi, allant
offrir un sacrifice dans le temple du *Tien*, ou
dieu du ciel. 173

Autorité, politique et gouvernement de l'empereur Cang-Hi. 175

CHAPITRE XVI. — Précis du règne de l'empereur
Yong-Tching. 179

CHAPITRE XVII. — Autres événemens remarquables arrivés sous le règne de l'empereur
Yong-Tching. — Cérémonial qui fut observé
lorsque cet empereur déclara qu'il avait fait
choix d'une impératrice parmi les femmes de
son palais. 183

Libéralité de l'impératrice envers les vieilles
femmes. 188

Un fils demande la faveur de mourir à la place de
sa mère. 192

Délibération du souverain tribunal des rits en faveur d'une fille qui avait préféré la mort à la
perte de sa chasteté, adressée à l'empereur
Yong-Tching.   Page 194

Autre délibération du même tribunal au sujet
d'une femme qui avait donné la preuve du plus
tendre attachement pour son mari.   196

CHAPITRE XVIII. — Ambassade portugaise auprès de l'empereur Yong-Tching, en 1727.
Détails à ce sujet.   198

CHAPITRE XIX. — Evénemens mémorables du
règne de Kien-Long, quatrième empereur de
la dynastie actuelle.   212

L'empereur Kien-Long fait célébrer avec une
grande solennité la soixantième année de la
vie de sa mère, en 1752.   217

Conduite publique et privée de l'empereur Kien-
Long, décrite par un missionnaire.   224

Exemple terrible de sévérité à l'égard d'un lettré,
en 1777.   227

Collection de bons livres, formée par les ordres
de Kien-Long.   229

Faveur éclatante accordée aux missionnaires par
l'empereur Kien-Long en 1777.   232

Honneurs rendus par l'empereur Kien-Long à un
général victorieux en 1771.   237

CHAPITRE XX. — Entretien de Kien-Long avec
un missionnaire.   240

CHAPITRE XXI. — Zèle de l'empereur Kien-Long

pour l'instruction de ses fils. Sa munificence à l'égard de ses provinces. Son abdication et sa mort.

Page 256

Caractère, grandes qualités et conduite de cet empereur. 258

Il donne la mort à un de ses fils. 263

CHAPITRE XXII. — Détails sur l'ambassade de lord Macartney à la Chine. 269

Présentation de cet ambassadeur à l'empereur. 271

Promenade du même dans les jardins de Tzé-Hol. 281

Recueils des observations des Anglais sur la Chine. 286

Encouragement pour les bonnes actions. *Ibid.*

Tombeaux dans le voisinage de la ville de Hung-Tchou-Fou. 287

Engrais que les Chinois préfèrent pour fumer leurs terres. 288

Description abrégée de Canton. 290

CHAPITRE XXIII. — Détails au sujet de l'ambassade hollandaise à la Chine en 1795. 292

Portrait et costume de l'empereur Kien-Long. *Ib.*

Récit d'un déjeuner des ambassadeurs hollandais chez l'empereur. 293

Détails relatifs à l'audience de congé donnée par l'empereur à l'ambassadeur hollandais. 297

Lettre de ce prince au stathouder. *Ibid.*

Observations des ambassadeurs hollandais à leur retour de Péking. 302

Bois impérissable. Page 302

De la rivière Jaune. *Ibid.*

Utilité générale du bambou dans la Chine. 303

Triste condition des femmes chinoises. 304

Description d'un magnifique tombeau élevé à un grand-mandarin. 305

CHAPITRE XXIV. — Détails sur la dernière ambassade de lord Amherst à la Chine en 1816. 308

CHAPITRE XXV. — Extraits ou analyses de plusieurs édits, déclarations, ordonnances, etc., des empereurs des différentes dynasties, etc. 315

Déclaration de l'empereur Vou-Ti portant abrogation d'une loi qui défendait de critiquer les actes de son gouvernement. *Ibid.*

Autre déclaration du même empereur pour se procurer des hommes de mérite. 317

Réponse de l'empereur Quang-Vou à un mémoire qu'on lui présenta pour l'engager à faire la guerre aux barbares du nord. 321

Lettre de l'empereur Tchang-Ti au roi de Tong-Ping. 322

Discours d'un vice-roi à de jeunes étudians. 325

Extrait d'une ordonnance de l'empereur Tsai-Tong. 329

Réflexions d'un auteur chinois sur le jeu des échecs. 332

CHAPITRE XXVI. — Anecdotes relatives à quel-

ques princes héréditaires de l'empire chinois.
Page 335

CHAPITRE XXVII. — Anecdotes relatives à des remontrances adressées à des monarques chinois par leurs ministres. 343

CHAPITRE XXVIII. — Anecdotes relatives au gouvernement chinois. 353

CHAPITRE XXIX. — Anecdotes relatives aux filles des empereurs données en mariage à de simples particuliers. 363

CHAPITRE XXX. — Choix d'exemples concernant les mœurs. 372

Maximes remarquables de la morale chinoise.
Ibid.

FIN DE LA TABLE DU PREMIER VOLUME.

❈❈❈❈❈❈❈❈❈❈❈❈❈❈❈❈❈❈❈❈

Livres de fonds qui se trouvent chez le même Libraire.

LE PRÉSENT MATERNEL, ou la Semaine amusante et instructive, ouvrage consacré à la jeunesse, traduit de l'anglais, par T. P. Bertin, 2 vol. in-18, ornés de 8 fig. en taille-douce.   3 fr.

LES EXEMPLES CÉLÈBRES, ou nouveau Choix de faits historiques et d'anecdotes propres à orner la mémoire de la jeunesse, et à lui inspirer l'amour de toutes les vertus, par M. Lemaire, 1 vol. in-12, orné de 8 jolies fig. en taille-douce.   3 fr.

ANECDOTES ET CONTES MORAUX pour l'instruction de la jeunesse, traduits de l'italien des Novelle morali de Soave, 2 vol. in-18, ornés de 36 jolies fig. 5 fr.

BÉLISAIRE, par Marmontel, nouv. et jolie édit. 1 vol. in-18, orné de 4 jolies fig.   2 fr.

LE BERQUIN ANGLAIS, ou le nouvel Ami des Enfans, par Thomas Day, auteur de Sandfort et Merton, traduit de l'anglais par Bertin, 4 vol. in-18, ornés de 24 jolies fig.   6 fr.

LES CONTES D'UNE MARRAINE, ou Historiettes instructives, amusantes et morales, à la portée de l'enfance et de la jeunesse, traduits de l'anglais par Bertin, 2 vol. in-18, ornés de jolies fig.   3 fr.

CONTES ET HISTORIETTES tirés de l'Ami des Enfans de Berquin, 1 v. in-18, orné de 7 jolies fig. 1 fr. 50 c.

CONTES DES FÉES, ou les Enchantemens des bonnes ou mauvaises Fées, par madame d'Aulnoy; nouvelle et très-jolie édition, 5 gros vol. in-18, formant plus de 2000 pages et ornés de 28 fig.   12 fr. 50 c.

ES MILLE ET UNE NUITS, contes arabes, traduits en français par Galland, nouvelle édition, imprimée sur papier fin d'Angoulême, 7 vol. in-18, ornés de 30 jolies fig.   18 fr.

E COIN DU FEU DE LA BONNE MAMAN, dédié à ses petits enfans, 2 vol. in-18, ornés de 12 jolies fig.   3 fr.

ONVERSATIONS d'une petite fille avec sa poupée suivies de l'histoire de la poupée, par madame de Renneville, 1 vol. in-18, orné de 11 jolies fig.   1 fr. 50 c.

LES INCAS, ou la Destruction de l'empire du Pérou, par Marmontel, nouvelle et jolie édit., 2 vol. in-18, ornés de 8 jolies fig.   4 fr.

LA MORALE EN ACTION, ou Elite de faits mémorables et d'anecdotes instructives, propres à faire aimer la sagesse et à former le cœur des jeunes gens, par l'exemple de toutes les vertus, 1 fort vol. in-12, orné de 4 jolies fig.   3 fr.

FABLES DE FLORIAN, 1 vol. in-18, orné de 6 fig.
                                                          1 fr. 80 c.

NOUVEAU DICTIONNAIRE GÉOGRAPHIQUE, ou Description de toutes les parties du monde, par Vosgien, dernière édition, entièrement refondue et corrigée avec le plus grand soin, d'après les derniers traités de paix et tous les changemens survenus jusqu'à ce jour, et *la seule qui contienne la tenue exacte des foires et marchés*, l'indication des bureaux de poste et des chefs-lieux de cantons, la valeur réelle des monnaies de chaque royaume, etc.; enrichie de 7 cartes géographiques conformes aux nouvelles divisions, et ornées des pavillons des vingt principales puissances maritimes; par M. Beaumont, 1 fort vol. in-8 de 700 pages. Paris, 1817.   9 fr.

LE PETIT CHARBONNIER DE LA FORÊT NOIRE, ou le Miroir magique, Conte moral, à l'usage des Enfans, par Madame de Renneville, 1 vol. in-18, orné de 4 jolies fig.   1 fr. 50 c.

HISTOIRE DE FRANCE, depuis les Gaulois jusqu'à la mort de Louis XVI, par Anquetil, de l'Institut national, membre de la Légion d'honneur, troisième édition, revue corrigée et augmentée, 15 vol. in-12, 45 fr.

PRÉCIS D'HISTOIRE UNIVERSELLE, par le même, troisième édition, 12 vol. in-12.   36 fr.

HISTOIRE DE LA RÉVOLUTION FRANÇAISE, depuis l'année 1787 jusqu'en 1816, ouvrage contenant des détails sur les événemens les plus curieux de cette grande calamité politique, et des notes exactes sur les principaux personnages qui s'y sont fait remarquer; par M. Lemaire, 3 forts vol. in-12, ornés de 3 jolies figures.   10 fr.
Nota. Cet ouvrage peut faire suite à l'Histoire de France, par Anquetil, et compléter ainsi l'Histoire de France, jusqu'à 1817.

UNE ANNÉE DE BONHEUR, ou les Récompenses méritées, nouvelles Étrennes à mes enfans, 1 v. in-18, orné de 11 vignettes.   15 fr.